高 校 入 試

中学3年分を たった7日で 総復習

社会

＼改訂版／

>>> Review in 7 Days

JN052157

Gakken

もくじ
Contents

1日目 ┃ **地理①** 世界のすがた 4

2日目 ┃ **地理②** 日本のすがた 8

3日目 ┃ **歴史①** 文明のおこり〜平安時代 12

4日目 ┃ **歴史②** 平安時代末〜江戸時代 16

5日目 ┃ **歴史③** 江戸時代末〜現代 20

6日目 ┃ **公民①** 現代社会／政治のしくみ 24

7日目 ┃ **公民②** 経済と財政／国際社会 28

□ **模擬試験** 第1回 32
□ **模擬試験** 第2回 37

■ 〈巻末資料〉**地理・歴史・公民 重要ポイントチェック** 42

◎ **解答と解説** ★切り離して使うことができます。 49

2

使い方
How to Use

📄 「1日分」は4ページ。効率よく復習しよう！

Step-1 >>> |基本を確かめる|

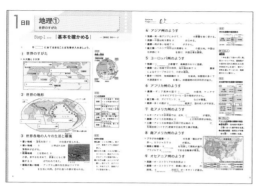

基本事項を書き込んで確認します。入試で必ずおさえておくべき要点を厳選しているので、効率よく学習できます。

Step-2 >>> |実力をつける|

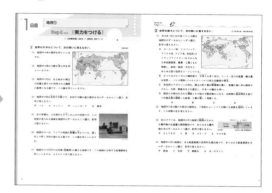

Step-1で学習した内容について、実戦的な問題を解いていきます。
まちがえた問題は解説をよく読んで、もう一度解いてみましょう。

 入試対策に役立つ！

|模擬試験|

…す。学習した

…しましょう。

2023年10月現在

社会科 特別資料 最新ニュース

◆それぞれ該当する項目のところで、参考にしてください。

●世界と日本の人口

国連人口基金によると、2023年の世界の人口は約80億4500万人。これまで人口が最も多い国は中国だったが、2023年にはインド（14億2,860万人）が中国（14億2,570万人。香港、マカオ、台湾を除く数値）を抜いて、人口世界一になった。

総務省の発表によると、日本の人口は2023年9月時点で1億2,445万人（概算値）。2005年に第二次世界大戦後初めて減少に転じた後、徐々に減少しており、2056年には1億人を割り込むと予測されている。

●「自然災害伝承碑」の地図記号ができる

2019年6月、国土地理院はウェブ上の地図で、新しい地図記号「自然災害伝承碑」の掲載を始めた。この地図記号は、かつて起こった津波・洪水などの自然災害の被害を伝える石碑やモニュメントを表し、防災に対する意識を高めることなどを目的としてつくられた。

●デジタル庁が発足

2021年9月、デジタル庁が発足した。デジタル庁は省庁のデジタル化の遅れを改善するためにつくられた省庁で、各省庁間のシステムの統一・標準化や、国民が行う行政手続きの簡素化などを目的としている。

…て使
…るの

Step-1 >>> | 基本を確かめる |

→【解答】50ページ

★ _____ や ☐ にあてはまることばを書き入れましょう。

1 世界のすがた

▶ 6大陸と3大洋

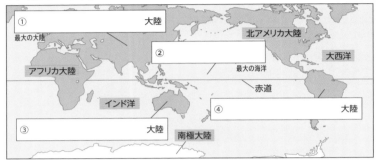

① _____ 大陸 （最大の大陸）
② ☐
北アメリカ大陸
大西洋
最大の海洋
アフリカ大陸
赤道
インド洋
④ ☐ 大陸
③ _____ 大陸
南極大陸

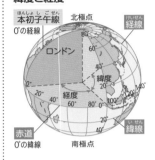
2 世界の地形

アルプス山脈
ロッキー山脈
ミシシッピ川
アルプス・ヒマラヤ造山帯
環太平洋造山帯
大西洋
インド洋
太平洋
① _____ 川
② _____ 山脈
③ ☐ 山脈
アマゾン川
■ 険しい山脈・山地

確認
5つの気候帯

熱帯	1年中高温で，季節による気温の変化が小さい。
乾燥帯	降水量が少ない。ステップ（草原）や砂漠が広がる。
温帯	四季があり，温暖。
冷帯（亜寒帯）	短い夏と寒さが厳しい冬。針葉樹林（タイガ）が広がる。
寒帯	1年中低温。雪と氷に覆われる。

3 世界各地の人々の生活と環境

▶ **暑い地域** … 湿気を防ぐ ① _____ の住居が見られる。

▶ **寒い地域** … ② _____ と呼ばれる針葉樹林が広がる。

▶ **乾燥地域** … 土を固めた ③ _____ の家。草や水を求めて，家畜とともに移動する ④ _____ が行われてきた。

↑タイガ （ピクスタ）

▶ **標高が高い地域** … アンデス山脈の先住民はリャマや ⑤ _____ を生活に利用。③や石造りの家が見られる。

確認
世界の宗教

●**仏教**…シャカが開く。東アジア，東南アジアに信者が多い。

●**キリスト教**…イエスが開く。ヨーロッパ，南北アメリカ，オセアニアに信者が多い。

●**イスラム教**…ムハンマドが開く。西アジア，北アフリカ，中央アジア，東南アジアに信者が多い。

9300003564

 「1日分」は4ページ。効率よく復習しよう!

Step-1 >>> | 基本を確かめる |

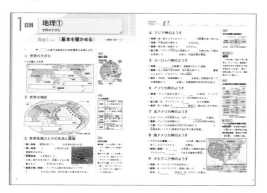

基本事項を書き込んで確認します。入試で必ずおさえておくべき要点を厳選しているので, 効率よく学習できます。

Step-2 >>> | 実力をつける |

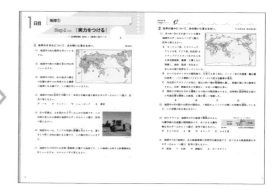

Step-1で学習した内容について, 実戦的な問題を解いていきます。
まちがえた問題は解説をよく読んで, もう一度解いてみましょう。

 入試対策に役立つ!

| 模擬試験 |

3年分の内容から出題した, 入試問題に近い形式の試験です。学習した内容が身についているか, 確かめられます。
実際に入試を受けているつもりで, 挑戦しましょう。

| 巻末資料 |

入試によく出る重要な資料をまとめています。入試前に見直しましょう。

重要用語 暗記ミニブック

巻頭に, 暗記ミニブックが付いています。切り取って使いましょう。重要用語を「一問一答式」で覚えられるので, 入試前の最終チェックにも役立ちます。

Step-1 >>> |基本を確かめる| → 【解答】50ページ

★ _____ や □ にあてはまることばを書き入れましょう。

1 世界のすがた

▶ 6大陸と3大洋

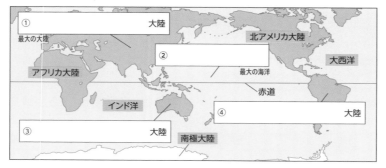

① 大陸 （最大の大陸）
② （最大の海洋）
北アメリカ大陸
大西洋
アフリカ大陸
インド洋
赤道
③ 大陸
南極大陸
④ 大陸

確認
緯度と経度

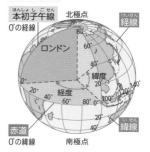

本初子午線
0°の経線
北極点
経線
ロンドン
緯度
赤道
0°の緯度
経度
南極点
緯線

2 世界の地形

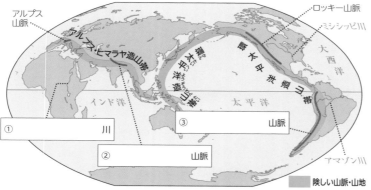

アルプス山脈
ロッキー山脈
ミシシッピ川
アルプス・ヒマラヤ造山帯
環太平洋造山帯
大西洋
インド洋
太平洋
① 川
② 山脈
③ 山脈
アマゾン川
■ 険しい山脈・山地

確認
5つの気候帯

熱帯	1年中高温で，季節による気温の変化が小さい。
乾燥帯	降水量が少ない。ステップ（草原）や砂漠が広がる。
温帯	四季があり，温暖。
冷帯 （亜寒帯）	短い夏と寒さが厳しい冬。針葉樹林（タイガ）が広がる。
寒帯	1年中低温。雪と氷に覆われる。

3 世界各地の人々の生活と環境

▶ **暑い地域** … 湿気を防ぐ ① _____ の住居が見られる。

▶ **寒い地域** … ② _____ と呼ばれる針葉樹林が広がる。

▶ **乾燥地域** … 土を固めた ③ _____ の家。草や水を求めて，家畜とともに移動する ④ _____ が行われてきた。

↑タイガ （ピクスタ）

▶ **標高が高い地域** … アンデス山脈の先住民は**リャマ**や
⑤ _____ を生活に利用。③や石造りの家が見られる。

確認
世界の宗教

● **仏教**…シャカが開く。東アジア，東南アジアに信者が多い。

● **キリスト教**…イエスが開く。ヨーロッパ，南北アメリカ，オセアニアに信者が多い。

● **イスラム教**…ムハンマドが開く。西アジア，北アフリカ，中央アジア，東南アジアに信者が多い。

4 アジア州のようす

▶ **気候**…東～南アジアにかけて, ① ＿＿＿＿＿＿ の影響を強く受ける。

▶ **民族**…中国は約９割を ② ＿＿＿＿＿ が占める。

▶ **農業**…雨が多い地域で ③ ＿＿＿＿＿ がさかん。

▶ **鉱工業**…**ペルシア湾岸**は大規模な ④ ＿＿＿＿＿ の産出地。中国は沿岸部に ⑤ ＿＿＿＿＿ を設け, 外国企業を誘致。

5 ヨーロッパ州のようす

▶ **気候**… ① ＿＿＿＿＿ の影響で, 高緯度のわりに温暖。
↑ 北大西洋海流の上を吹く

▶ **農業**…広い地域で**混合農業**, 地中海沿岸で ② ＿＿＿＿＿ 農業による**オリーブ**や**ぶどう**, **小麦**の栽培。

▶ **動き**…1993年, 地域組織の ③ ＿＿＿＿＿ を結成。加盟国の多くで共通通貨の ④ ＿＿＿＿＿ を導入。加盟国間の**経済格差**が拡大。

6 アフリカ州のようす

▶ **農業**…ギニア湾岸の国で ① ＿＿＿＿＿ の栽培, ケニアで
② ＿＿＿＿＿ , エチオピアでコーヒー豆の栽培がさかん。
↑ チョコレートの原料

▶ **鉱工業**…**金**, **ダイヤモンド**, ③ ＿＿＿＿＿ などが豊富。
↑ 希少金属

▶ **経済**…多くの国が ④ ＿＿＿＿＿ 経済で, 国の収入が不安定。
↑ 特定の農産物や鉱産資源の輸出に頼る経済

7 北アメリカ州のようす

▶ **人々**…アメリカ合衆国では, 近年, ① ＿＿＿＿＿ が増加。
↑ スペイン語を話す移民

▶ **農業**…アメリカ合衆国は ② ＿＿＿＿＿ と**企業的農業**が特色。

▶ **工業**…アメリカ合衆国の**北緯37度**以南の ③ ＿＿＿＿＿ で, 先端技術(ハイテク)産業や石油化学工業が発達。
↑ 先端

8 南アメリカ州のようす

▶ **ブラジルの産業**… ① ＿＿＿＿＿ の生産・輸出が世界一。カラジャスで ② ＿＿＿＿＿ が産出。

▶ **開発と環境**… ③ ＿＿＿＿＿ を伐採して開発が進行。
↑ アマゾン川流域
ブラジルで ④ ＿＿＿＿＿ で走る自動車が普及。
↑ さとうきびが原料

9 オセアニア州のようす

▶ **民族**…オーストラリアの先住民は ① ＿＿＿＿＿ 。

▶ **産業**…オーストラリアで, 乾燥に強い ② ＿＿＿＿＿ の飼育。 ③ ＿＿＿＿＿ , **鉄鉱石**, ボーキサイトが産出。
↑ 東部で産出が多い　↑ 北西部で産出が多い

確認
米の生産量の国別割合

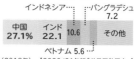

| 中国 27.1% | インド 22.1 | 10.6 | その他 |

インドネシア… / バングラデシュ 7.2 / ベトナム 5.6
(2018年)【2020/21年版「世界国勢図会」】

▶▶ **くわしく**
偏西風
（へんせいふう）

　１年を通じて西から吹く風。西ヨーロッパでは, 偏西風が大西洋を流れる暖流(北大西洋海流)の上を通り, 暖かい空気を運んでくるため, 高緯度のわりに暖かい。

確認
主な農作物の生産量の国別割合

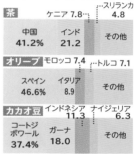

茶　ケニア 7.8… / スリランカ 4.8
| 中国 41.2% | インド 21.2 | その他 |

オリーブ　モロッコ 7.4… / トルコ 7.1
| スペイン 46.6% | イタリア 8.9 | その他 |

カカオ豆　インドネシア 11.3 / ナイジェリア 6.3
| コートジボワール 37.4% | ガーナ 18.0 | その他 |

(2018年)【2020/21年版「世界国勢図会」】

▶▶ **くわしく**
アメリカ合衆国の農業の特色
● **適地適作**…各地域の気候や土壌に合った農作物を生産。
● **企業的農業**…農場主が労働者を雇い, 大規模に生産。

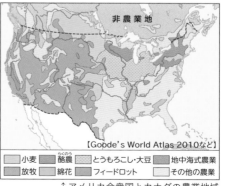

非農業地

| □ 小麦 | ■ 酪農 | ▥ とうもろこし・大豆 | ■ 地中海式農業 |
| □ 放牧 | □ 綿花 | ■ フィードロット | □ その他の農業 |

【Goode's World Atlas 2010など】
↑アメリカ合衆国とカナダの農業地域

Step-2 >>> |実力をつける|

→ 【目標時間】**30分** ／ 【解答】**50ページ**　　点

| 世界のすがたについて，次の問いに答えなさい。 【各8点】

(1) 地図中の**A**の海洋を何といいますか。

（　　　　　　）

(2) 地図中の**B**の大陸を含む州を何といいますか。

（　　　　　　）

(3) 地図中の**C**は，ある地点の南北の位置を表すのに利用される緯度の基準となる線です。この線を何といいますか。

（　　　　　　）

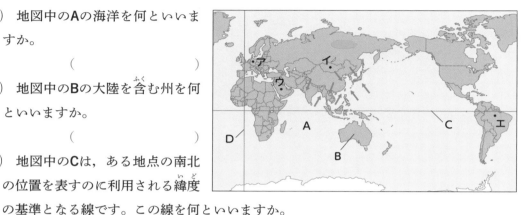

(4) 地図中の**D**は本初子午線です。本初子午線が通る都市を次の**ア～エ**から１つ選び，記号で答えなさい。

ア パリ　**イ** ロンドン　**ウ** ニューヨーク　**エ** 東京

（　　　　　　）

(5) 右の写真は，土を固めた日干しれんがの住居です。この住居が見られる地域を地図中の**ア～エ**から１つ選び，記号で答えなさい。

（　　　　　　）

(ピクスタ)

(6) 地図中の→は，アジアの気候に影響を与えている，夏と冬とで吹く方向が逆になる風です。この風を何といいますか。

（　　　　　　）

(7) 地図中の●●●●は冷帯（亜寒帯）に属する地域です。この地域に分布する針葉樹林を何といいますか。カタカナ３字で答えなさい。

（　　　　　　）

2 世界の国々について，次の問いに答えなさい。

【(1)は各5点，他は各8点】

(1) 次の**A**〜**D**の文が述べている国を
地図中の**ア**〜**エ**から１つずつ選び，
記号で答えなさい。

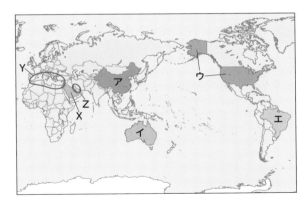

A ヨーロッパ系，ヒスパニック，
アフリカ系，アジア系，先住民（ネ
イティブアメリカン）などからな
る多民族国家。農業・工業ともに
発展し，政治・経済・文化など，
あらゆる面で世界をリードしている。

B かつてはポルトガルの植民地で，日系人も多く住む。コーヒー豆の生産量・輸出量
は世界一。バイオ燃料（バイオエタノール）で走る自動車が普及。

C 先住民のアボリジニが住む。国土の約７割が乾燥帯に属し，乾燥に強い羊の飼育が
さかん。石炭・鉄鉱石などを産出し，日本への輸出も多い。

D 国民の大部分を占める漢族とその他の少数民族からなる。沿岸部に経済特区を設け
て外国企業を誘致した結果，工業が著しく発展した。

A（　　　　） B（　　　　） C（　　　　） D（　　　　）

(2) 地図中の**X**の国の大部分の国民は，７世紀にムハンマドが開いた宗教を信仰していま
す。この宗教の名を答えなさい。

（　　　　　　　　）

(3) 右のグラフは，地図中の**Y**の地域で栽培がさかん
な農作物の生産量の国別割合です。あてはまる農作
物を次の**ア**〜**エ**から１つ選び，記号で答えなさい。

ア さとうきび　**イ** 茶　**ウ** オリーブ　**エ** カカオ豆

（　　　　）

(4) 地図中の**Z**の地域は，ある鉱産資源の世界的な産出地です。あてはまる鉱産資源を次
の**ア**〜**エ**から１つ選び，記号で答えなさい。

ア 原油　**イ** 石炭　**ウ** 鉄鉱石　**エ** ボーキサイト

（　　　　）

Step-1 >>> 基本を確かめる

→【解答】51ページ

★ _____ や ▭ にあてはまることばを書き入れましょう。

1 日本の位置と範囲

▶ **領域** … **領土**・① _____ ・**領空**からなる。
　　　　↑ 日本は海岸から12海里(約22km)
▶ **領土** … 北海道，② _____ ，四国，九州と，その周辺の島々。
▶ **領土をめぐる問題** … ロシアが ③ _____ ，韓国が**竹島**を
　不法に占拠。中国などが**尖閣諸島**の領有権を主張。
　↑ 択捉島・国後島・色丹島・歯舞群島からなる

2 日本の地形と気候

▶ **山地** … 日本は ① _____ 造山帯に属する→火山の噴火や
　地震が多い。中央部に ② _____ が連なる。
　　　　↑ 飛驒山脈・木曽山脈・赤石山脈からなる
▶ **川** … 短くて，傾斜が急。川が山地から平地に出るところに
　③ _____ ，河口に**三角州**が形成される。
▶ **海岸** … **三陸海岸**や**若狭湾**，**志摩半島**など
　の沿岸に，④ _____ 海岸が見られる。
▶ **気候** … 夏と冬で反対の方向から吹く
　⑤ _____ の影響を強く受ける。

↑リアス海岸　(ピクスタ)

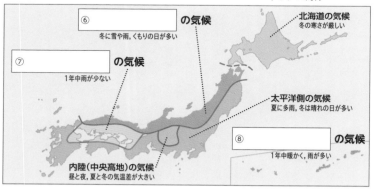

⑥ ▭ の気候
冬に雪や雨，くもりの日が多い

北海道の気候
冬の寒さが厳しい

⑦ ▭ の気候
1年中雨が少ない

太平洋側の気候
夏に多雨，冬は晴れの日が多い

内陸(中央高地)の気候
昼と夜，夏と冬の気温差が大きい

⑧ ▭ の気候
1年中暖かく，雨が多い

▶ **自然災害** … **防災**や ⑨ _____ の取り組み。災害の被害を予
　　　　　　　　↑ 被害を少なくすること
　測した ⑩ _____ の作成。自助・⑪ _____ ・公助。
　　　　　　　　　　　↑ 住民が助け合うこと

3 日本の人口

▶ **人口の分布** … 東京・① _____ ・名古屋の三大都市圏に集中→
　過密。農山村では ② _____ が進む。
　↑ かみつ

確認
排他的経済水域
　領海の外側で，沿岸から200
海里以内の水域。水産資源(魚
など)や鉱産資源(原油・天然
ガスなど)を利用する権利は沿
岸国にある。

ミス注意
日本の東西南北の端
　東端は南鳥島(東京都)，西
端は与那国島(沖縄県)，南端
は沖ノ鳥島(東京都)，北端は
択捉島(北海道)。

確認
扇状地と三角州
●**扇状地**…川が山から運んで
　きた土砂が，平地に出ると
　ころに積もってできる地形。
　扇のような形をしている。
●**三角州**…川が運んだ土砂が，
　河口に積もってできる平ら
　な地形。

くらべる
夏と冬の季節風
　季節風は山地にぶつかって，
その手前に雨や雪を降らせる。
山地を越えると乾いた風になる。

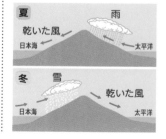

▶ **人口構成** … 近年は**少子化**と ③ 〔　　　　〕化が進んでいる。現在の人口ピラミッドはつぼ型。

④ 日本の産業

▶ **農業** … 大都市周辺で ① 〔　　　　〕農業，冬でも温暖な地域で ② 〔　　　　〕栽培，夏でもすずしい高原で高原野菜の抑制栽培。

▶ **漁業** … 三陸海岸沖は ③ 〔　　　　〕がある好漁場。漁獲量の減少で，
　↑ 黒潮(日本海流)と親潮(千島海流)が出合う海域
遠洋漁業や沖合漁業から**養殖業**や ④ 〔　　　　〕漁業へ。

▶ **工業** … ⑤ 〔　　　　〕に工業地帯・地域が集中。
　↑ 関東地方から九州北部にかけての臨海部
⑥ 〔　　　　〕によって発展したが，近年は製品の輸入が増加。
　↑ 原料料を輸入し，製品を輸出

▶ **産業の分類** … 第１次産業は農業・漁業など，**第２次産業**は工業・建設業など，**第３次産業**は ⑦ 〔　　　　〕・サービス業など。
　　　　　　　　　　　↑ 小売業と卸売業

⑤ 各地方のようす

▶ **北海道地方** … 先住民族の ① 〔　　　　〕の人々が住む。根釧台地で ② 〔　　　　〕，十勝平野で大規模な畑作，石狩平野で稲作。

▶ **東北地方** … 日本を代表する ③ 〔　　　　〕どころ。津軽平野で ④ 〔　　　　〕，山形盆地で ⑤ 〔　　　　〕の栽培。

▶ **関東地方** … 全国の人口の約３分の１が集中。東京大都市圏で過密の問題が深刻。⑥ 〔　　　　〕工業地帯，**京葉工業地域**，**北関東工業地域**が形成。

▶ **中部地方** … 北陸は日本を代表する ⑦ 〔　　　　〕どころ。**中京工業地帯**を形成→豊田市の自動車工業が中心。東海工業地域。

▶ **近畿地方** … 大阪府を中心に ⑧ 〔　　　　〕工業地帯を形成。古都 ⑨ 〔　　　　〕と奈良に文化財が多い。

▶ **中国・四国地方** … 瀬戸内海沿岸に ⑩ 〔　　　　〕工業地域が形成。本州と四国の間に ⑪ 〔　　　　〕連絡橋。

▶ **九州地方** … 鹿児島県と宮崎県南部に ⑫ 〔　　　　〕台地が広がる。
　↑ 火山灰などが積もってできた
沖縄県に ⑬ 〔　　　　〕軍の基地が多い。

⑥ 地形図の読み取り

▶ **きまり** … 実際の距離＝地図上の長さ× ① 〔　　　　〕の分母。

〃〃	②	∧∧	針葉樹林	📖 図書館
∨∨	畑	⊗	⑤	⊞ ⑦
∘∘	③	⊖	郵便局	开 神社
∘∘∘	④	🏛	⑥	卍 寺院

〔確認〕
日本の漁業別漁獲量の変化

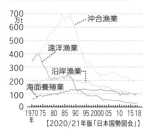
【2020/21年版「日本国勢図会」】

〔確認〕
日本の主な鉱産資源の輸入先

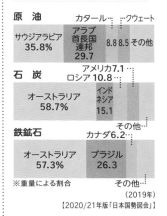
※重量による割合　　　（2019年）
【2020/21年版「日本国勢図会」】

〔確認〕
工業がさかんな都市

● **中京工業地帯**…豊田(自動車)，東海(鉄鋼)。
● **京浜工業地帯**…横浜(業務用機械)，川崎(石油化学)。
● **阪神工業地帯**…大阪(化学，金属)，堺(石油化学)。
● **瀬戸内工業地域**…倉敷(石油化学)，広島(自動車)。

〔≫くわしく〕
地形図のきまり

● 特にことわりがなければ，方位は**上が北**。
● 等高線(主曲線)は2万5千分の１地形図では10mごと，5万分の１地形図では20mごとに引かれている。
● 等高線の間隔がせまいほど，土地の傾斜は急。

Step-2 >>> | 実力をつける |

→【目標時間】30分 ／【解答】51ページ　　　点

1 日本の範囲，地形と気候について，次の問いに答えなさい。　　　【各8点】

(1)　地図中の**X**は日本固有の領土ですが，現在ある国に不法に占拠されています。占拠している国の名を答えなさい。

（　　　　　　　　　　）

(2)　日本は火山の噴火や地震が多い国です。これは日本が何という造山帯に属するからですか。造山帯の名を答えなさい。

（　　　　　　　　　　）

(3)　地図中の➡は，夏と冬とで吹く方向が逆になる風を表しています。この風を何といいますか。

（　　　　　　　　　　）

(4)　右のグラフは，地図中の**ア〜エ**のいずれかの都市の雨温図です。あてはまる都市を1つ選び，記号で答えなさい。

（　　　　　　　　　　）

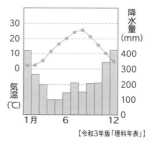

【令和3年版「理科年表」】

2 右の地形図を見て，次の問いに答えなさい。　　　【(3)は12点，他は各8点】

(1)　地形図中の⊗が表しているものを次の**ア〜エ**から1つ選び，記号で答えなさい。

ア　郵便局　　**イ**　市役所
ウ　警察署　　**エ**　図書館

（　　　　　　　　　　）

(2)　地形図中の**X**の斜面と**Y**の斜面では，どちらの傾斜が急ですか。記号で答えなさい。

（　　　　　　　　　　）

(3)　**A**点から**B**点まで地形図上で2cmあります。実際の距離は何mですか。

（　　　　　　　　　　）

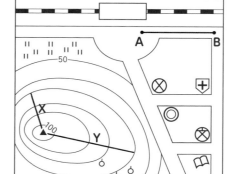

3 日本の産業や各地方のようすについて，次の問いに答えなさい。 【各8点】

(1) 地図中の**X**は高知平野です。ここで行われている農業について正しく説明したものを次の**ア〜エ**から１つ選び，記号で答えなさい。

ア 大消費地に近いという利点をいかして，近郊農業がさかん。

イ 水もちの悪い火山灰の土地が広がっていて，豚や肉牛の飼育がさかん。

ウ 高原の夏でもすずしい気候を利用して，高原野菜の栽培がさかん。

エ 温暖な気候をいかして，冬にビニールハウスを利用した野菜の促成栽培がさかん。

（　　　　　　）

(2) 地図中の**Y**の海岸沖は日本を代表する好漁場です。この海域について説明した次の文の A と B にあてはまる語句を答えなさい。

◇**Y**は三陸海岸で，沖合には寒流の A と暖流の B が出合う潮目(潮境)があり，魚のえさとなるプランクトンが豊富なため，たくさんの魚が集まります。

A（　　　　　　）　B（　　　　　　）

(3) 次の文が説明している工業地帯・地域を地図中の**ア〜エ**から１つ選び，記号で答えなさい。

◇全国一の工業生産額をあげている。豊田市の自動車工業を中心に発達している。

（　　　　　　）

(4) 右のグラフはある鉱産資源の日本の輸入先です。あてはまる鉱産資源を次の**ア〜エ**から１つ選び，記号で答えなさい。

オーストラリア 57.3%	ブラジル 26.3	その他

カナダ 6.2

(2019年)　　　　【2020/21年版「日本国勢図会」】

ア 鉄鉱石　　　**イ** 石炭
ウ 原油　　　　**エ** 金

（　　　　　　）

Step-1 >>> | 基本を確かめる | →【解答】52ページ

★ ＿＿＿＿ にあてはまることばを書き入れましょう。

① 人類の出現と古代文明

▶**人類の進化** … 猿人→原人→ ① ＿＿＿＿＿。旧石器時代は
② ＿＿＿＿ 石器，新石器時代は ③ ＿＿＿＿ 石器を使用。

▶**文明のおこり**

■**エジプト文明** … **ナイル川**流域でおこる。ピラミッド，
④ ＿＿＿＿ 暦，象形文字(神聖文字)。

■**メソポタミア文明** … **チグリス川・ユーフラテス川**流
域でおこる。⑤ ＿＿＿＿＿ 文字，**太陰暦**。

■**インダス文明** … **インダス川**流域でおこる。モヘンジョ＝ダロ。

■**中国文明** … **黄河**流域で殷がおこる。⑥ ＿＿＿＿ 文字。→秦
の**始皇帝**が中国を統一。万里の長城を築く。→漢の時代へ。

▶**ギリシャ・ローマの文明** … ギリシャでは ⑦ ＿＿＿＿ が生ま
れ，アテネで民主政。地中海沿岸に ⑧ ＿＿＿＿ が成立。
↑ 紀元前8世紀ごろ　↑ 紀元前1世紀

② 日本のあけぼの

▶**旧石器時代** … 大型動物が生息。狩りや採集。約1万年前に氷
期が終わり，海面が上昇して，日本列島が成立。**岩宿遺跡**。
↑ マンモスやナウマンゾウ　↑ 群馬県

▶**縄文時代** … **縄文土器**で食料の煮炊きや
保存。① ＿＿＿＿ 住居，貝がらや魚の
骨を捨てた ② ＿＿＿＿，**土偶**。
↑ まじないに用いる

↑たて穴住居

③ 弥生時代

▶ ① ＿＿＿＿ … 九州北部から東日本へ広がる。登呂遺跡。
↑ 縄文時代の終わりごろに伝来　↑ 静岡県

▶**道具や建物** … **弥生土器**，鉄器や青銅器。② ＿＿＿＿ に石
包丁で収穫した稲の穂を蓄えた。

▶**小国の分立** … 1世紀中ごろ，③ ＿＿＿＿
の王が後漢に使いを送り，皇帝から金印
を授かる。**吉野ヶ里遺跡**。
↑ 佐賀県

▶**邪馬台国**の ④ ＿＿＿＿ … 倭の女王とな
り，魏に使いを送る。**魏志倭人伝**。
↑ 中国の歴史書の一部

↑高床倉庫
（静岡市立登呂博物館）

確認
古代文明の発生地域

メソポタミア文明　中国文明
インダス文明
黄河　40°
長江　20°
エジプト文明
● 古代文明の
だいたいの範囲

古代文明は，気候が温暖で農
耕に適した大河の流域で発生
した。

《くらべる》
古代文明で発明された文字

象形文字	くさび形文字
インダス文字	甲骨文字

《くわしく》
縄文土器と弥生土器の違い

縄文土器

縄目の文様が
ついたものが
多く，黒褐色。
厚手でもろい。

（國學院大學博物館）

弥生土器

赤褐色で，縄
文土器よりも
薄くてかたい。
均整のとれた
形で，飾りが
少ない。

（東京大学総合研究博物館）

④ 大和政権と古墳

▶ **大和政権（ヤマト王権）** … 近畿地方にできた，**大王**を中心にまとまった豪族の連合政権。

▶ **古墳** … 大仙（大山）古墳は日本最大の ① _____。埴輪，副葬品が出土。

▶ ② _____ … 中国や朝鮮半島から日本に移り住み，漢字，儒学，仏教，須恵器をつくる技術などを伝える。
↑ 高温で焼いた土器

≫ くわしく

大仙古墳（大阪府）

（学研写真資料）

⑤ 飛鳥時代

▶ **聖徳太子の政治** … **冠位十二階**の制度，① _____ の制定。**遣隋使**の派遣。
↑ 小野妹子

▶ **飛鳥文化** … ② _____ は現存する世界最古の木造建築。
↑ 世界遺産

（撮影：学研写真資料）
↑ 法隆寺（奈良県）

▶ ③ _____ … 645年，**中大兄皇子**と**中臣鎌足**らが**蘇我氏**を倒して始めた政治改革。公地・公民。

▶ ④ _____ … 百済復興のために，朝鮮半島に大軍を派遣。唐と新羅の連合軍に大敗。

▶ ⑤ _____ … 勝利した**天武天皇**が即位。
↑ 天智天皇のあとつぎ争い

▶ 701年，⑥ _____ の制定 … 天皇中心の政治体制。

≫ くわしく

十七条の憲法

一に曰く，和をもって貴しとなし，さからふことなきを宗とせよ。

二に曰く，あつく三宝を敬へ。

三に曰く，詔をうけたまはりては必ずつつしめ。

（一部）

天皇中心の国をつくろうと，役人の心構えを示した。

☑ **暗記**

645年，大化の改新が始まる

6 4 5
無事故で世づくり

大化の改新

⑥ 平城京と天平文化

▶ **平城京** … 710年，唐の都**長安**にならう。

▶ **税・労役** … **班田収授法**の実施。**租・調・庸**，雑徭など。
↑ 6歳以上の男女に口分田

▶ ① _____ 法 … 新しく開墾した土地の永久私有を認める。

▶ ② _____ の派遣 … 唐の制度や文化を吸収。**鑑真**の来日。

▶ **天平文化** … ③ _____ 天皇のころに栄える。**東大寺**・正倉院・国分寺，「万葉集」・「古事記」・「日本書紀」・「風土記」。

⑦ 平安京と国風文化

▶ **平安京** … 794年，① _____ 天皇が都を移す。

▶ **新しい仏教** … **天台宗**＝最澄，**真言宗**＝空海。

▶ ② _____ 政治 … **藤原氏**が**摂政・関白**として政治を行う。11世紀前半，**藤原道長**と子の**頼通**のとき全盛。

▶ **国風文化** … 貴族の住居＝ ③ _____ 。**仮名文字**で紫式部が「源氏物語」を，清少納言が「枕草子」を書く。平等院鳳凰堂。
↑ 藤原頼通が建てた

≫ くわしく

正倉院

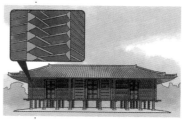

柱を使わず，三角形の木材を組み合わせて壁とする，校倉造でつくられている。聖武天皇の愛用品が納められていた。

Step-2 >>> |実力をつける|

→ 【目標時間】**30分** ／【解答】**52ページ**　　　点

1 右の地図を見て，次の問いに答えなさい。　　　【各5点】

(1) 地図中の **a** と **d** の古代文明で使用された文字をそれぞれ答えなさい。

　　a（　　　　　　　　）　**d**（　　　　　　　　）

(2) 地図中の **a** のナイル川流域につくられた，巨大な四角すいの建造物を何といいますか。

　　　　　　　　　　（　　　　　　　　　　）

(3) 地図中の **a ～ d** から，太陰暦が使われた古代文明を１つ選び，記号で答えなさい。

　　　　　　　　　　　　　　　（　　　　　　　）

(4) 地図中の **e** の地域で仏教を開いた人物を次の**ア～エ**から１人選び，記号で答えなさい。

　ア イエス　　**イ** 孔子　　**ウ** シャカ　　**エ** ムハンマド

　　　　　　　　　　　　　　　（　　　　　　　）

2 次の問いに答えなさい。　　　【(3)は7点，他は各4点】

(1) 縄文時代に，人々が食べたあとの魚の骨や貝がらなどを捨てたところを何といいますか。

　　　　　　　　　　（　　　　　　　　　　）

資料A

(2) 右の**資料A**は，稲の穂つみに使われた道具です。これを何といいますか。

　　　　　　　　　　（　　　　　　　　　　）

（國學院大學博物館）

(3) 右の**資料B**は，何に使われたものですか。簡単に答えなさい。

　（　　　　　　　　　　　　　　　　　　）

資料B

(4) 次の文の（　　）にあてはまる語句をそれぞれ答えなさい。

　◇３世紀ごろ，（ ① ）の卑弥呼が女王として30ほどの国を支配し，中国の（ ② ）に使いを送りました。

　　①（　　　　　　　　）　②（　　　　　　　　）

（静岡市立登呂博物館）

3 次の問いに答えなさい。 【(4)は各3点，他は各5点】

(1) 右の大仙古墳に代表される古墳の形式を何といい
ますか。

（　　　　　　　　　）

(学研写真資料)

(2) 渡来人が日本に伝えたものとして誤っているもの
を次のア〜エから１つ選び，記号で答えなさい。

ア　漢字　　イ　須恵器
ウ　土偶　　エ　儒学

（　　　　　　　　　）

(3) 聖徳太子は，身分に関係なく，才能や功績のある人を用いようとして（　　　）の制度を
設けました。（　　　）にあてはまる語句を答えなさい。

（　　　　　　　　　）

(4) 大化の改新の中心となった人物の名前を２人答えなさい。

（　　　　　　　　）（　　　　　　　　　）

(5) 次の文は，何という法令について述べていますか。法令名を答えなさい。
　◇唐の法律にならって刑罰と政治を行ううえでのきまりが制定され，天皇を頂点とす
る中央集権のしくみが整えられた。

（　　　　　　　　　）

4 奈良時代，平安時代のようすについて，次の問いに答えなさい。【(3)は各3点，他は各5点】

(1) 743年に出された，新しく開墾した土地の永久私有を認めた法令を何といいますか。

（　　　　　　　　　）

(2) 仏教の力で国家を守ろうとして東大寺を建てた人物を次のア〜エから１人選び，記号
で答えなさい。

ア　蘇我馬子　　イ　聖武天皇　　ウ　鑑真　　エ　桓武天皇

（　　　　　　　　　）

(3) 天台宗と真言宗を開いた僧の名前をそれぞれ答えなさい。

天台宗（　　　　　　　　　）　真言宗（　　　　　　　　　）

(4) 1016年に摂政となり，摂関政治の全盛期を築いた人物の名前を答えなさい。

（　　　　　　　　　）

(5) 「源氏物語」を著したのは，紫式部と清少納言のどちらですか。

（　　　　　　　　　）

歴史②

平安時代末～江戸時代

Step-1 >>> 基本を確かめる　→【解答】53ページ

★ ＿＿＿ にあてはまることばを書き入れましょう。

1 鎌倉幕府の成立と社会・文化

▶ 白河上皇が院政を始める→平治の乱に勝った ① ＿＿＿ が太政大臣となる→平氏の政治に不満が高まる。

▶ 壇ノ浦の戦いで平氏が滅亡→ ② ＿＿＿ が鎌倉幕府を開く。

▶ 執権政治 … 北条氏が代々執権となる→承久の乱。1232年，
③ ＿＿＿ 制定。
↑ 最初の武家法　↑ 後鳥羽上皇が兵をあげた

▶ 新しい仏教と鎌倉文化

■ 仏教 … 浄土宗＝法然，浄土真宗＝ ④ ＿＿＿ ，禅宗など。

■ 文化 … 軍記物＝「平家物語」，彫刻＝ ⑤ ＿＿＿

▶ 元寇 … 元軍が2度にわたり九州北部に襲来（文永の役・弘安の役）。執権 ⑥ ＿＿＿ 。→1297年，永仁の徳政令。
↑ 運慶らによる

▶ 建武の新政 … ⑦ ＿＿＿ 天皇が始める→南北朝時代へ。

2 室町幕府の成立と社会・文化

▶ 室町幕府 … 足利尊氏が開く→ ① ＿＿＿ が南北朝を統一。
↑ 3代将軍

▶ 日明(勘合)貿易 … ② ＿＿＿ の禁止。正式な貿易船に勘合。
↑ 足利義満が始める

▶ 産業の発達 … 定期市，座，自治都市の発達。

▶ 農民の成長 … 寄合。 ③ ＿＿＿ で借金の帳消しを要求。

▶ 文化 … 金閣，銀閣，書院造。水墨画。
↑ 足利義満 ↑ 足利義政 ↑ 雪舟

3 ヨーロッパ人の来航と全国統一

▶ ① ＿＿＿ 伝来 … 1543年，ポルトガル人が種子島に伝える。

▶ キリスト教伝来 …1549年， ② ＿＿＿ が鹿児島に伝える。

▶ ③ ＿＿＿ の政治 … 室町幕府を倒す。長篠の戦いで武田氏を破る。安土城下で商工業の発展をうながす楽市・楽座。
↑ 鉄砲を活用

▶ 豊臣秀吉の政治…1590年，北条氏を倒し全国統一を達成。

■ 政策 … 太閤検地， ④ ＿＿＿ →兵農分離が進む。
↑ 武器を取り上げる

■ 対外政策 … 2度にわたる ⑤ ＿＿＿ 侵略。

▶ 桃山文化 … 建築＝姫路城，わび茶＝ ⑥ ＿＿＿ が大成，濃絵＝狩野永徳，かぶき踊り＝出雲の阿国。

ミス注意

守護・地頭の違い

守護	国ごとに置かれた。主な仕事は，御家人の監督や軍事・警察の仕事。
地頭	荘園や公領ごとに置かれた。主な仕事は，土地の管理や年貢の取り立て。

くわしく

書院造

室町時代に広まった住宅の建築様式。現代の和風建築のもとになった。

くわしく

太閤検地と刀狩の目的

太閤検地…土地と農民を支配し，年貢を確実に徴収する。

刀狩…農民の一揆を防ぎ，田畑の耕作に専念させる。

刀狩令

一，諸国の百姓たちが，刀・脇差・弓・槍・鉄砲その他武具類を持つことを固く禁止する。

一，取り上げた刀や脇差などは，今度建立する大仏のくぎやかすがいにする。

（一部要約）

④ 江戸幕府の政治

▶ **江戸幕府の成立** … 1603年, ① ＿＿＿＿ が**江戸幕府**を開く。

▶ **武家諸法度で大名を支配。** ② ＿＿＿＿ を制度化。
　　　　　　　　　　　　↑ 徳川家光のとき

▶ **貿易の振興から統制へ** … ③ ＿＿＿＿ 貿易で東南アジア各地
に**日本町**。**島原・天草一揆**→貿易
統制(④ ＿＿＿＿)。オランダ・中
国と長崎で貿易。**朝鮮通信使**の来訪。

▶ **産業と都市の発達** … **新田開発**。
大阪に諸藩の ⑤ ＿＿＿＿ 。日本
橋を起点に ⑥ ＿＿＿＿ を整備。

▶ **幕府政治の改革**

■ **徳川綱吉** … 学問や礼節を重視。
　　↑ 5代将軍

■ **享保の改革** … ⑦ ＿＿＿＿
　　　　　　　　　　↑ 8代将軍
　目安箱設置, 公事方御定書。

■ **老中田沼意次** … ⑧ ＿＿＿＿ の結成を奨励。

■ **寛政の改革** … 老中 ⑨ ＿＿＿＿ 。幕府の学校で朱子学以
外の儒学禁止, 旗本・御家人の借金帳消し。

| | 五街道 |
| ○ 主な城下町 |
| ● 主な直轄地 |

↑江戸時代の交通路

⑤ 新しい学問と元禄文化・化政文化

▶ **新しい学問** … ① ＿＿＿＿ ＝**本居宣長**, **蘭学**＝杉
田玄白ら「**解体新書**」, ② ＿＿＿＿ の日本地図。

▶ **元禄文化** … 浮世草子＝**井原西鶴**, 俳諧＝**松尾
芭蕉**, 人形浄瑠璃の台本＝ ③ ＿＿＿＿ 。

▶ **化政文化** … 小説＝**十返舎一九**, 俳諧＝**小林一
茶**, 浮世絵＝葛飾北斎, ④ ＿＿＿＿ ら。

↑「解体新書」
（東京医科歯科大学図書館）

⑥ ヨーロッパの近代化

▶ **市民革命** … イギリスでピューリタン革命→ ① ＿＿＿＿ 革命。
　　　　　　　　　　　　　　　　↑ 権利(の)章典
アメリカで独立戦争→独立宣言。フランス革命→人権宣言。

▶ **産業革命** … 18世紀後半, イギリスでおこる。軽工業→重工業。

▶ **アメリカで** ② ＿＿＿＿ 戦争。イギリスと清が ③ ＿＿＿＿ 戦争。
　　　　　↑ 1861～65年　　　　　　　　　　↑ 1840～42年

⑦ 幕府政治のくずれ

▶ **外国船の出現** … ① ＿＿＿＿ を出して鎖国を守る。

▶ **大塩平八郎の乱** … 天保のききんで苦しむ人々の救済のため。

▶ **天保の改革** … 老中 ② ＿＿＿＿ 。**株仲間の解散。**

大名の種類

親藩	徳川氏の一族の大名。尾張・紀伊・水戸藩は特に御三家と呼ばれて重んじられた。
譜代大名	古くから徳川氏に従っていた大名。幕府の要職についた。
外様大名	関ヶ原の戦いのころから徳川氏に従った大名。九州や東北などの辺地に多く配置された。

▶▶くわしく
出島

（長崎歴史文化博物館）

長崎港につくられた人工島。
オランダ商館が置かれ, 貿易
を行った。

くらべる
百姓一揆…重税に苦しむ百姓
は, 年貢の減免などを求めて
集団で領主に反抗した。

打ちこわし…米などの物価の
上昇に苦しむ都市の貧しい
人々は, 集団で米屋などの商
人を襲った。

⚠ミス注意
座と株仲間
座は, 鎌倉・室町時代の商工
業者の同業者組合。株仲間は,
江戸時代の商工業者の同業者
組合である。

歴史②

Step-2 >>> 実力をつける

→【目標時間】30分／【解答】53ページ　　　点

1 次の問いに答えなさい。

【(3)は各3点，他は各5点】

(1) 次の文にあてはまる人物をあとの**ア〜エ**から1人ずつ選び，記号で答えなさい。

① 壇ノ浦の戦いで平氏を倒したのち，鎌倉幕府を開いた。

② 平治の乱ののち朝廷の実権をにぎり，太政大臣となった。

ア 白河上皇　**イ** 源義経　**ウ** 平清盛　**エ** 源頼朝

①(　　　　　)　②(　　　　　)

(2) 1221年，後鳥羽上皇が鎌倉幕府から政権を取りもどそうとして戦いをおこしました。この戦いを何といいますか。

(　　　　　　　　)

(3) 1274年，元の大軍が九州北部に攻め寄せました。このときの①元の皇帝と②幕府の執権の名前を，それぞれ答えなさい。

①(　　　　　)　②(　　　　　)

(4) 鎌倉新仏教のうち，浄土真宗(一向宗)を開いた僧の名前を答えなさい。

(　　　　　　　　)

2 次の問いに答えなさい。

【各5点】

(1) 日明貿易では，正式な貿易船であることを示す証明書が使われました。この証明書を何といいますか。

(　　　　　　)

(2) 右の資料は，何という建築様式を表したものですか。

(　　　　　　)

(3) 日本にキリスト教を伝えた人物の名前を答えなさい。

(　　　　　　)

(4) 豊臣秀吉が行った，土地の生産高などを全国的に調査した政策を何といいますか。

(　　　　　　　　)

(5) 茶の湯をわび茶として大成した人物の名前を答えなさい。

(　　　　　　　　)

3 江戸時代の政治・社会・文化について，次の問いに答えなさい。【(1)は4点,他は各5点】

(1) 1603年に，江戸幕府を開いた人物の名前を答えなさい。

（　　　　　　　　　　　）

(2) 3代将軍徳川家光は，ある法令の中で大名に参勤交代を義務づけました。この法令を次の**ア**〜**エ**から1つ選び，記号で答えなさい。
　　ア 分国法　　**イ** 武家諸法度　　**ウ** 御成敗式目　　**エ** 墾田永年私財法

（　　　　　　　　　　　）

(3) 1637年，重税やキリスト教禁止に反対して，九州の農民らが一揆をおこしました。この一揆を何といいますか。

（　　　　　　　　　　　）

(4) 右の地図中の**X**の航路は，東北地方や北陸地方の物資を大阪に運ぶためにひらかれました。**X**の航路を何といいますか。

（　　　　　　　　　　　）

(5) 次の文の投書箱を特に何といいますか。
　　◇8代将軍徳川吉宗は，享保の改革の中で，庶民の意見を政治に取り入れようとして投書箱を設けた。

（　　　　　　　　　　　）

(6) 寛政の改革を行った人物を次の**ア**〜**エ**から1人選び，記号で答えなさい。
　　ア 徳川秀忠　　**イ** 北条時宗　　**ウ** 新井白石　　**エ** 松平定信

（　　　　　　　　　　　）

(7) 江戸時代の文化について，次の問いに答えなさい。
　① 国学を大成した人物の名前を答えなさい。

（　　　　　　　　　　　）

　② 次の**A**・**B**の作者を，あとの**ア**〜**エ**から1人ずつ選び，記号で答えなさい。
　　A 小説「東海道中膝栗毛」　　**B** 浮世絵「東海道五十三次」
　　ア 歌川(安藤)広重　　**イ** 葛飾北斎　　**ウ** 小林一茶　　**エ** 十返舎一九

A（　　　　　）　**B**（　　　　　）

(8) 天保の改革では，物価を引き下げようとして商工業者の同業者組合の解散を命じました。この同業者組合を何といいますか。

（　　　　　　　　　　　）

Step-1 >>> 基本を確かめる

→【解答】54ページ

★ _____ にあてはまることばや数字を書き入れましょう。

① 開国と江戸幕府の滅亡

▶ **ペリー来航** … **日米和親条約**→① _____ 条約。
↑ 5港開く

▶ **江戸幕府の滅亡** … 15代将軍 ② _____ が**大政奉還**→王政
復古の大号令で天皇中心の政治へ。

② 明治維新と立憲政治の始まり

▶ **新政府の成立** … ① _____ を出す。**版籍奉還**→
② _____ 。 **学制・徴兵令・地租改正**＝地価の３％を現
金で納める。鉄道開通，郵便制度。

▶ **文明開化** … 太陽暦。③ _____ が「**学問のすゝめ**」を著す。

▶ **自由民権運動** … ④ _____ らが**民撰議院設立の建白書**を提出。

▶ **大日本帝国憲法** … ⑤ _____ らが草案作成。1889年発布。
　■ **選挙権** … 直接国税を15円以上納める満 ⑥ _____ 歳以上の男子。

③ 日清・日露戦争と条約改正，近代文化

▶ **日清戦争** … ① _____ 条約→**日露戦争** … **ポーツマス条約**。
↑ 1894年　　　　　　　　　　　　　　　↑ 1904年

▶ **条約改正** … 1894年，陸奥宗光が**領事裁判権**を撤廃。1911年，
小村寿太郎が ② _____ を完全に回復。

▶ **産業革命** … 1901年，**八幡製鉄所**の開業。

▶ 1910年，韓国を植民地化（**韓国併合**）。

▶ **近代文化** … 医学＝**北里柴三郎**，**野口英世**。
文学＝**夏目漱石**。洋画＝**黒田清輝**。

↑ 八幡製鉄所

④ 第一次世界大戦と日本の動き

▶ **第一次世界大戦** … 大戦中，日本が中国に**二十一か条の要求**。

　■ **ベルサイユ条約** … 講和条約。1920年，① _____ を設立。
　　　　　　　　　　　　　　　　　　　　　　　↑ 国際平和組織

▶ **アジアの動き** … 1919年，中国で**五・四運動**，朝鮮で
② _____ 独立運動。

▶ **米騒動**ののち，本格的政党内閣（③ _____ 内閣）が成立。
↑ 大正デモクラシーが背景

▶ ④ _____ 法 … **満25歳以上のすべての男子**に選挙権。

（徳川美術館所蔵 ©徳川美術館イメージアーカイブ/DNPartcom）

≫≫ くわしく
開港された場所

日米修好通商条約で開港の5港

函館
新潟
神奈川（横浜）
下田
兵庫（神戸）
長崎

日米和親条約で開港の2港

※下田は日米修好通商条約の締結で閉鎖

それぞれの条約で開かれた港
を，地図上で区別できるよう
にしよう。

⚠ ミス注意
帝国議会に参議院はない!

帝国議会は，衆議院と貴族院
の二院制で，参議院はなかっ
た。貴族院は衆議院の政党勢
力に対抗する院として設置さ
れ，衆議院と対等の地位に置
かれた。

≫≫ くわしく
米騒動

1918年，富山県から全国へ
広がった，米の安売りを求め
る騒動。政府は軍隊を出動さ
せて鎮圧した。

⑤ 世界恐慌から第二次世界大戦へ

▶ 1929年，**世界恐慌**→アメリカで ① ＿＿＿＿＿＿ 政策。イ
↑ ローズベルト大統領
ギリスとフランスは**ブロック経済**。

▶ **ファシズム** … ムッソリーニや**ヒトラー**が民主主義を否定。

▶ ② ＿＿＿＿ 事変 … **満州国**成立→日本は**国際連盟脱退**。

▶ **五・一五事件**＝ ③ ＿＿＿＿＿ 首相暗殺→**二・二六事件**→**日中戦**
↑ 1932年
争開戦→ ④ ＿＿＿＿＿ 法を制定し，戦時体制を強化。
↑ 1936年

▶ 1939年，**第二次世界大戦**→1941年，**太平洋戦争**が開戦。

▶ **日本の敗戦** … 1945年8月，広島と長崎に原子爆弾(原爆)が投
下される。→ ⑤ ＿＿＿＿＿ を受諾して降伏。

⑥ 日本の戦後改革と戦後の世界

▶ **マッカーサー**を最高司令官とする**GHQ**(連合国軍最高司令官
総司令部)が，日本の民主化を進めた。

■ **政治** … **選挙法改正**＝満 ① ＿＿＿＿ 歳以上の男女に選挙権。

■ **経済** … **財閥解体**。② ＿＿＿＿＿ で農村の民主化が進む。

■ **日本国憲法** … ③ ＿＿＿＿＿ ，**基本的人権の尊重**，**平和主義**。
↑ 1946年公布

▶ **冷たい戦争(冷戦)** … 1945年10月，④ ＿＿＿＿＿ が発足。し
かし，東西両陣営が厳しく対立→**朝鮮戦争**がおこる。日本は
⑤ ＿＿＿＿＿ (のちの自衛隊)を設置。

▶ **日本の独立** … 1951年，⑥ ＿＿＿＿＿ 条約で独立回復。
同時に**日米安全保障条約**を結び，日本に**アメリカ軍**が駐留。

▶ **日ソ共同宣言**により，**日本の国連加盟**が実現。**国際社会**に復帰。
↑ 1956年

▶ **経済** … **高度経済成長**→ ⑦ ＿＿＿＿＿ で終わる。

▶ **外交** … **日韓基本条約**。⑧ ＿＿＿＿＿ の本土復帰→**非核三原則**
↑ 1965年　　　　↑ 1972年
が日本の方針に。**日中共同声明**→**日中平和友好条約**。
↑ 1972年　　　↑ 1978年

⑦ 現代の日本と世界

▶ **冷戦の終結** … 東西 ① ＿＿＿＿ の統一。**ソ連の解体**。

▶ **ヨーロッパの動き** … **ヨーロッパ連合(EU)**の発足。

▶ **地域紛争** … **湾岸戦争**。アメリカで ② ＿＿＿＿＿ テロ→ア
メリカがアフガニスタンを攻撃。**イラク戦争**。地域紛争の解決
に国連の平和維持活動(PKO)が活躍。

▶ **経済** … 株価と地価が異常に高くなる ③ ＿＿＿＿＿ 経済が崩壊
→長い不況に。2008年に世界金融危機。

▶ **日本社会の課題** … 地球温暖化。東日本大震災などの災害と防
災対策。少子高齢化。④ ＿＿＿＿＿ な社会の実現。
↑ 現在と将来の世代の幸福を両立

≫くわしく
五・一五事件
1932年5月15日，海軍の青年
将校らが犬養毅首相を暗殺し
た。これによって，戦前の政
党政治が終わった。

二・二六事件
1936年2月26日，陸軍の青年
将校らが有力な政治家を殺傷
し，東京の中心部を占拠した。
数日で鎮圧されたが，軍部の
政治的な発言力が高まり，軍
備拡張が進んだ。

≪くらべる≫
選挙権の移り変わり

1889年	直接国税を年に15円以上納める満25歳以上の男子に選挙権。
1925年	満25歳以上の男子に選挙権。納税額の制限がなくなる。
1945年	満20歳以上の男女に選挙権。女性の参政権が認められる。
2015年	満18歳以上の男女に選挙権。若い世代の有権者が増加。

≫くわしく
農地改革
小作地の多くを政府が強制的
に買い上げ，小作人に安く売
り渡した。これによって多く
の小作人が自作農になった。

1930年	自作 31.1%	自小作 42.4%	小作 26.5%

農地改革

| 1950年 | 62.3 | 32.6 | 5.1 |

Step-2 >>> ｜実力をつける｜

→【目標時間】30分／【解答】54ページ　　　　　点

1 次の問いに答えなさい。　　　　　　　　　　　　　　　　　　【各5点】

(1) 幕末の動きを示した次の**ア**～**エ**を，年代の古い順に並べて，記号で答えなさい。(完答)

ア 大政奉還を行う。　　　　　　　**イ** 日米修好通商条約を結ぶ。

ウ 王政復古の大号令を出す。　　　**エ** 日米和親条約を結ぶ。

　　　　　　　　　　　　（　　　→　　　→　　　→　　　）

(2) 次の文の①(　　　)にあてはまる数字を答えなさい。また，②この政策を何といいますか。

◇1873年，税は，土地の所有者に地価の(　　　)％を現金で納めさせることにした。

　　　　　　　　　　①(　　　　　)　②(　　　　　　　)

(3) 大日本帝国憲法の草案作成の中心となった人物を次の**ア**～**エ**から1人選び，記号で答えなさい。

ア 伊藤博文　　**イ** 大久保利通　　**ウ** 木戸孝允　　**エ** 大隈重信

　　　　　　　　　　　　　　　　　　　（　　　　　　　）

(4) ①日清戦争と②日露戦争の講和条約をそれぞれ何といいますか。

　　　　　　　　①(　　　　　　　　)　②(　　　　　　　)

2 次の問いに答えなさい。　　　　　　　　　　　　　　　　　　【各5点】

(1) 第一次世界大戦が始まると，日本は，政情の不安定な中国に対して，山東省にあるドイツの権益を受け継ぐことなどを要求しました。この要求を何といいますか。

　　　　　　　　　　　　　　　　　　　（　　　　　　　）

(2) 右の資料は，富山県の主婦らが米の安売りを求め，またたく間に全国に広がったできごとを表しています。このできごとを何といいますか。

　　　　　　　（　　　　　　　）

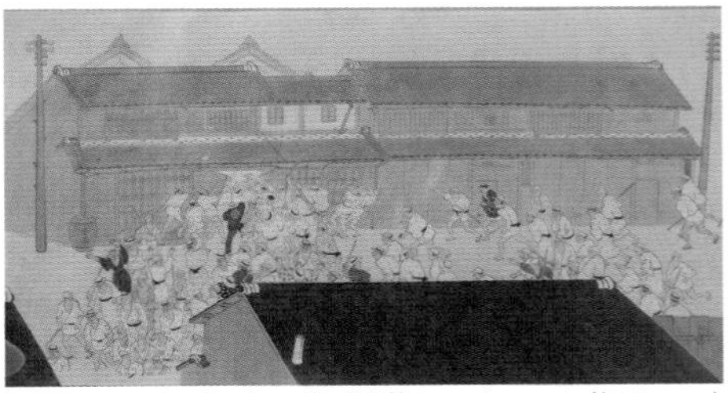

(徳川美術館所蔵　©徳川美術館イメージアーカイブ/DNPartcom)

(3) 1925年に制定された普通選挙法では，どのような人に選挙権が与えられましたか。簡単に答えなさい。

　　　　　　　　　　　　　　　　　　　（　　　　　　　）

3 次の問いに答えなさい。 　　　　　　　　　　　　　　　　　　　　【各5点】

(1) 1929年から始まった世界的な不況を何といいますか。　　（　　　　　　　）

(2) 満州国成立の影響として正しいものを次のア～エから１つ選び，記号で答えなさい。

　　ア　日本が国際連盟の常任理事国になる。　　　イ　日本が国際連盟の脱退を通告する。

　　ウ　満州事変がおこる。　　　　　　　　　　　エ　日本が国際連合に加盟する。

　　　　　　　　　　　　　　　　　　　　　　　　　　　　　　（　　　　　　　）

(3) 五・一五事件で暗殺された首相の名前を答えなさい。

　　　　　　　　　　　　　　　　　　　　　　　　（　　　　　　　）

(4) 右の地図中の**A～D**から，日中戦争がおこった場所を１
つ選び，記号で答えなさい。

　　　　　　　　　　　　　　　（　　　　　　　）

(5) 次の文は,地租改正・農地改革のどちらを表していますか。
　　◇小作地の多くを政府が強制的に買い上げて，小作人に
安く売り渡した。　　　　　　　（　　　　　　　）

(6) 冷たい戦争(冷戦)の影響で，1950年に東アジアでおこっ
た戦争を何といいますか。

　　　　　　　　　　　　（　　　　　　　）

(7) 日本の国際連合加盟に大きな影響を与えたものを次の**ア～エ**から１つ選び，記号で答
えなさい。

　　ア　日中共同声明　　　　イ　日ソ共同宣言

　　ウ　日中平和友好条約　　エ　日米安全保障条約　　　　　　　（　　　　　　　）

(8) 日本の高度経済成長を終わらせたできごとを次の**ア～エ**から１つ選び，記号で答えな
さい。

　　ア　石油危機　　イ　キューバ危機　　ウ　阪神・淡路大震災　　エ　東日本大震災

　　　　　　　　　　　　　　　　　　　　　　　　　　　（　　　　　　　）

(9) 次の文の（　　　）にあてはまる語句をそれぞれ答えなさい。

　　◇1980年代後半，日本では株価と地価が異常に高くなる（ ① ）が発生したが，1991年
に崩壊し，その後，長い不況におちいった。2008年には，アメリカの投資銀行の破産
がきっかけとなって（ ② ）がおこった。

　　　　　　　　　　　　①（　　　　　　　） ②（　　　　　　　）

(10) 2001年にアメリカで，イスラム教過激派にハイジャックされた飛行機がニューヨー
クの世界貿易センタービルなどに突入した事件を何といいますか。

　　　　　　　　　　　　　　　　　　　　　　　　（　　　　　　　）

6日目 公民①

現代社会／政治のしくみ

Step-1 >>> **基本を確かめる** ⇒【解答】55ページ

★ _____ にあてはまることばを書き入れましょう。

Ⅰ 現代社会と私たち

▶① _____ 化 … 世界が一体化する動き。**国際分業**が進む。

▶② _____ 化 … 出生率の低下と平均寿命ののびで進行。

■ ③ _____ 世帯…親と子ども，または夫婦のみの世帯。

▶**情報社会** … **人工知能（AI）**の活用。④ _____ 。
↑ 情報を正しく活用する能力

▶**対立と合意** … 対立を合意に導く解決策には，⑤ _____ と
↑ 無駄を省くこと

⑥ _____ という考え方が必要。
↑ 誰も不利な扱いを受けないこと

2 人権と日本国憲法

▶**人権思想の確立** … ロック，① _____ ，ルソーらが確立。
↑ 三権分立論

▶**立憲主義** … ② _____ に基づき，憲法で権力を制限。
↑ 国民が制定した法で権力を制限

▶**社会権の確立** … 1919年，③ _____ 憲法で初めて保障。
↑ ドイツ共和国憲法

▶**日本国憲法の制定** … 1946年11月3日公布，翌年5月3日施行。

■**国民主権** … 国の政治の決定権は④ _____ にある。

■天皇は日本国や国民全体の⑤ _____ 。**国事行為**を行う。

■**基本的人権の尊重** … 人権は不可侵・⑥ _____ の権利。

■**平和主義** … ⑦ _____ の放棄。戦力の不保持など。
↑ 憲法前文と第9条

3 基本的人権の尊重

▶**基本的人権の種類**

平等権	① _____ の下の平等，個人の尊厳と両性の本質的平等
自由権	身体の自由，精神の自由，② _____ の自由
社会権	国に対して③ _____ の保障を求める権利
参政権	④ _____ 権，被選挙権など
請求権	⑤ _____ を受ける権利など

基本的人権を守るための権利

■人権の制限 … ⑥ _____ のために利用する責任。
↑ 社会全体の利益

▶**国民の義務** … 子どもに普通教育を受けさせる義務，⑦ _____ の義務，納税の義務。

《くらべる》
年齢別人口割合の推移

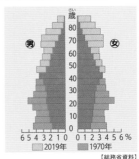

【総務省資料】

14歳以下の年少人口が減り，65歳以上の高齢者の占める割合が高まっている。

✓暗記
日本国憲法の基本原理

平和 の 基本 は 主権 の尊重
→平和主義 →基本的人権の尊重 →国民主権

≫くわしく
憲法改正の流れ

改正原案
↓
国会：各議院の総議員の3分の2以上の賛成
発議↓
国民投票で過半数の賛成
↓
天皇が国民の名で公布

≫くわしく
社会権の内容

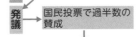
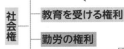

社会権
- 生存権 ［健康で文化的な最低限度の生活を営む権利］
- 教育を受ける権利
- 勤労の権利
- 労働基本権（労働三権）— 団結権／団体交渉権／団体行動権（争議権）

▶**新しい人権** … 社会の変化に伴って生まれた権利。

　■**環境権** … 人間らしい生活ができる環境を求める権利。

　■**知る権利** … ⑧ ＿＿＿＿＿ の公開を要求する権利。

　■ ⑨ ＿＿＿＿＿ の権利 … 私生活をみだりに公開されない権利。

▶**国際的な人権保障** … 1948年，国連で ⑩ ＿＿＿＿＿ 宣言を採択。

④ 現代の民主政治と社会

▶**選挙の4原則** … ① ＿＿＿＿＿ ・**秘密・平等・直接選挙**。

▶**選挙制度** … **小選挙区制**や ② ＿＿＿＿＿ 制など。
　　　　　　　　↑ 政党名を書いて投票

　■**衆議院議員選挙** … ③ ＿＿＿＿＿ 比例代表並立制。

▶**政党** … ④ ＿＿＿＿＿（政権を担当）とそれ以外の**野党**。

▶**国会** … 国権の最高機関，国の唯一の ⑤ ＿＿＿＿＿ 機関。

　■**二院制** … 国会は，⑥ ＿＿＿＿＿ と参議院の2院で構成。

　■**国会の種類** … ⑦ ＿＿＿＿＿ ，**臨時会，特別会**など。
　　　　　　　↑ 毎年1回，1月中に召集

　■**衆議院の優越** … 衆議院の権限を参議院よりも重くしている。

衆議院の議決が重くみられるもの	法律案の議決，予算の議決，条約の承認，内閣総理大臣の指名の議決
衆議院のみに認められたもの	⑧ ＿＿＿＿＿ の先議権，内閣信任・不信任の決議権

　■**内閣不信任決議** … 内閣は総辞職するか，10日以内に ⑨ ＿＿＿＿＿ を解散する。

　■**衆議院の解散** … 40日以内に総選挙 → ⑩ ＿＿＿＿＿ の召集。
　　　　　　　　　　　　　　　　　　　　↑ 30日以内

▶**内閣** … 行政の最高機関。⑪ ＿＿＿＿＿ を開いて方針を決定。

　■**議院内閣制** … 内閣が ⑫ ＿＿＿＿＿ の信任の上に成立。

▶ ⑬ ＿＿＿＿＿ 裁判所 … 司法権の最高機関。唯一の**終審裁判所**。

▶ ⑭ ＿＿＿＿＿ の独立 … 裁判官は**憲法**と**法律**のみに拘束される。

▶**裁判の種類** … **刑事裁判**と ⑮ ＿＿＿＿＿ 裁判。

　■**裁判員制度** … 国民が裁判員として ⑯ ＿＿＿＿＿ 裁判に参加。

▶ ⑰ ＿＿＿＿＿ … 原則3回まで裁判が受けられる。

▶**違憲審査権（違憲立法審査権）** … 最高裁判所に最終決定権 →
最高裁判所は「⑱ ＿＿＿＿＿ の番人」と呼ばれる。

▶**三権分立** … 国家権力を立法権・⑲ ＿＿＿＿＿ 権・司法権に分散。

▶**地方自治** … 日本国憲法と ⑳ ＿＿＿＿＿ 法で保障。

　■**執行機関** … 都道府県知事・市（区）町村長。

　■**地方議会** … ㉑ ＿＿＿＿＿ の制定，予算の議決などを行う。

▶**地方財政** … 地方税，㉒ ＿＿＿＿＿ 交付金など。
　　　　　　　　　　↑ 国からの支出

▶ ㉓ ＿＿＿＿＿ 権 … 住民の一定数の署名をもって請求。
　　　　　↑ 有権者

≫くわしく
自己決定権
個人が自分の生き方などについて，自由に決定する権利。新しい人権の1つ。医療におけるインフォームド・コンセント（説明した上での同意）などが重要視されるようになった。

≫くわしく
**議院内閣制の下での
国会と内閣の関係**

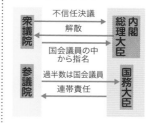

☑暗記
内閣の仕事
内閣の 予 報 は
　　　↑予算の作成　↑法律の執行
正　　常 だ
↑政令の制定　↑条約の締結

≫くわしく
三審制のしくみ

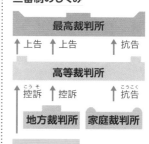

＊刑事裁判の場合

確認
直接請求権の種類と内容

直接請求	法定署名数	請求先
条例の制定・改廃の請求	有権者の50分の1以上	首長
監査請求		監査委員
首長・議員の解職請求	有権者の3分の1以上	選挙管理委員会
議会の解散請求		

Step-2 >>> ｜実力をつける｜

⇒【目標時間】30分／【解答】55ページ　　　　点

1 日本の人口構成について，次の問いに答えなさい。　　　　【各4点】

(1) 出生率が低下し，平均寿命がのびたことによって，子どもの数が減り高齢者の割合が増えた社会を何といいますか。　　　（　　　　　　　）

(2) (1)の社会の進行に伴い，家族のあり方も変化してきました。親と子ども，または夫婦のみの世帯を何といいますか。

（　　　　　　　）

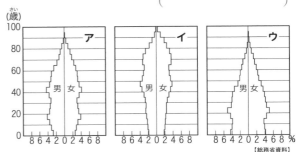

[総務省資料]

(3) 現在の日本の年齢別人口の割合を示すグラフを，右の**ア**〜**ウ**から1つ選び，記号で答えなさい。　　　（　　　　　　　）

(4) 日本の総人口の減少が進む一方で，日本で働く外国人は増えています。このように，人やものなどが容易に国境を越えて移動し，世界が一体化する動きを何といいますか。

（　　　　　　　）

2 基本的人権と日本国憲法について，次の問いに答えなさい。　　　　【各3点】

(1) 日本国憲法では，国民に保障する自由や権利は，「濫用してはならないのであって，常に（　　）のためにこれを利用する責任を負う」と定めています。（　　）にあてはまる語句を答えなさい。　　　（　　　　　　　）

(2) 憲法が保障する①自由権，②請求権に属するものを，次の**ア**〜**カ**から1つずつ選び，記号で答えなさい。　　　①（　　　　　）　②（　　　　　）

ア 労働組合を結成する　　**イ** 裁判を受ける　　**ウ** 国民投票を行う

エ 職業を選択する　　**オ** 教育を受ける　　**カ** 性別で差別されない

(3) 社会権を世界で初めて保障した①ドイツの憲法を何といいますか。また，日本国憲法第25条に定められている，②社会権の基礎となる権利を何といいますか。

①（　　　　　　　）　②（　　　　　　　）

(4) 日本国憲法は，この憲法の改正について，「各議院の総議員の（　①　）分の（　②　）以上の賛成で，国会が，これを発議し，（　③　）に提案してその承認を経なければならない。」としている。文中の（　①　）〜（　③　）にあてはまる語句や数字を答えなさい。

①（　　　　　）　②（　　　　　）　③（　　　　　）

3　国会と内閣について，次の問いに答えなさい。　【(1)・(2)は各5点，(6)は6点，他は各4点】

(1)　国会における予算の審議は，どのような順序で行われていますか。次の**ア～エ**を正しい順に並べかえ，記号で答えなさい。(完答)（　　　→　　　→　　　→　　　）

　　ア　参議院本会議で審議する　　**イ**　参議院予算委員会で審議する

　　ウ　衆議院本会議で審議する　　**エ**　衆議院予算委員会で審議する

(2)　衆議院が参議院に優越するものを，次の**ア～オ**から2つ選び，記号で答えなさい。(完答)

　　ア　憲法改正の発議　　**イ**　内閣総理大臣の指名　　　　（　　・　　）

　　ウ　国政調査権の行使　　**エ**　法律案の議決　　**オ**　弾劾裁判所の設置

(3)　衆議院の解散による総選挙後30日以内に召集される国会を何といいますか。

（　　　　　　　　　）

(4)　内閣は，行政権の行使にあたってどこに対して連帯して責任を負うと憲法に定められていますか。（　　　　　　　　　）

(5)　内閣の意思を決定する，内閣総理大臣とすべての国務大臣が参加する会議を何といいますか。（　　　　　　　　　）

(6)　内閣は，天皇に対してどのような政治的権限を行使しますか。簡単に書きなさい。

（　　　　　　　　　　　　　　　　　　　　）

4　裁判所と地方自治について，次の問いに答えなさい。　【各4点】

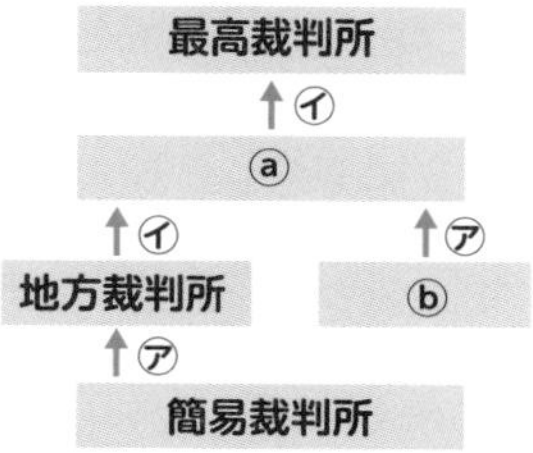

(1)　右図は，原則3回まで裁判が受けられるしくみ(民事裁判)を示したものです。このしくみを何といいますか。

（　　　　　　　　　）

```
          最高裁判所
            ↑イ
            ⓐ
        ↑イ      ↑ア
   地方裁判所        ⓑ
     ↑ア
    簡易裁判所
```

(2)　右図中のⓐ・ⓑにあてはまる裁判所を，それぞれ答えなさい。

　　ⓐ（　　　　　　　）　ⓑ（　　　　　　　）

(3)　右図中の㋐・㋑のそれぞれに共通してあてはまる上訴を，それぞれ何といいますか。

　　㋐（　　　　　　　）　㋑（　　　　　　　）

(4)　①地方公共団体の組織や住民の権利などについて定めている法律を何といいますか。また，②住民が首長のリコールを行うのに必要な有権者の署名数を，次の**ア～エ**から1つ選び，記号で答えなさい。　　①（　　　　　　　）　②（　　　　　　　）

　　ア　3分の2以上　　**イ**　過半数　　**ウ**　3分の1以上　　**エ**　50分の1以上

(5)　違憲審査権は，どの機関からどの機関への抑制にあたりますか。次の**ア～エ**から1つ選び，記号で答えなさい。（　　　　　　　）

　　ア　内閣から裁判所へ　　**イ**　裁判所から国会へ

　　ウ　内閣から国会へ　　**エ**　国会から裁判所へ

Step-1 >>> | 基本を確かめる | → 【解答】56ページ

★ _____ にあてはまることばや数字を書き入れましょう。

1 国民生活と経済

▶ **経済活動** … ① _____ ・流通・消費のしくみ。

■経済の３つの主体 … ② _____ ・企業・政府。
↑ 消費の主体　　　↑ 生産の主体　↑ 財政を通じて経済活動

▶ **家計の支出** … ③ _____ が中心。他に税金，貯蓄など。
↑ 食料費・住居費など

▶ **消費者の保護** … **クーリング・オフ制度。**

■**消費者基本法** … ④ _____ の権利を明示。

■**製造物責任法**(⑤ _____ 法) … 企業に被害の救済義務。

▶ ⑥ _____ … 商品が消費者に届くまでの流れ。

■**商業** … ⑦ _____ や卸売業など流通に携わる仕事。

▶ **市場価格** … ⑧ _____ 量と供給量の関係で決まる価格。

▶ ⑨ _____ … 国や地方公共団体が決定・認可する価格。

▶ **インフレーション** … 物価が継続的に⑩ _____ 現象。

2 生産のしくみと企業

▶ **生産要素** … 土地(自然)・設備(資本)・労働力。

▶ **株式会社** … ① _____ を発行して資金を集める。

■**株主** … 出資者。② _____ の分配(③ _____)を受ける。

■**株主総会** … ④ _____ で組織する会議。最高の議決機関。

▶ ⑤ _____ 法… **公正取引委員会**が運用。企業の競争をうながす。

▶ **日本銀行** … **発券銀行，** ⑥ _____ **の銀行，銀行の銀行。**

■**金融政策** … 公開市場操作などで⑦ _____ の安定を図る。

▶ ⑧ _____ … 異なる通貨どうしの交換比率。

■**円高** … 円の価値が ⑨ _____ こと。輸出は不利になる。

▶ **労働三法** … ⑩ _____ 法，**労働組合法，労働関係調整法。**

▶ ⑪ _____ 法… 採用や賃金で，男女を平等に扱う。

▶ **雇用形態の変化** … ⑫ _____ 労働者の増加。
↑ 派遣労働者やパート，アルバイトなど

3 財政と国民の福祉

▶ **財政支出(歳出)** … ① _____ 関係費，国債費，地方交付税

交付金など。

需要量と供給量と価格の関係

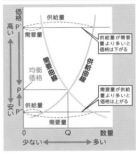

供給量が需要量より多いと価格は下がる

需要量が供給量より多いと価格は上がる

需要曲線と供給曲線が交わるときの価格を，**均衡価格**という。

≫くわしく

円高・円安のしくみ

円の価値が上がる

円高

(ドルを円に換える動きが活発)
ドル売り・円買い

$ ⇔ ¥

円売り・ドル買い
(円をドルに換える動きが活発)

円安

円の価値が下がる

《くらべる》

労働三権と労働三法

憲法第25条(生存権)

憲法第27条 / 憲法第28条(労働三権)

勤労条件の基準

団結権・団体交渉権・団体行動権／争議権

基準法 / 労働組合法 / 労働関係調整法

労働三法

▶ **財政収入(歳入)** … ② ＿＿＿＿＿＿＿(税金)と公債金がほとんど。

　■ 納税者と担税者が同じ **直接税**，異なる ③ ＿＿＿＿＿＿＿。
　　　　　　　　　　　　　　　↑ 消費税，酒税など

▶ ④ ＿＿＿＿＿＿＿ … 所得が高い人ほど税率を高くする＝

　所得の格差調整。所得税や相続税に適用。

▶ **景気変動** … ⑤ ＿＿＿＿＿(好況)と不景気(不況)の繰り返し。

▶ **財政政策** … 国が ⑥ ＿＿＿＿＿の波を調整する政策のこと。

　■ 好景気のとき… 公共投資を ⑦ ＿＿＿＿＿。増税をする。

　■ 不景気のとき … 公共投資を増やす。⑧ ＿＿＿＿＿をする。

▶ **社会保障制度** … 憲法第25条の ⑨ ＿＿＿＿＿権の規定で整備。

　■ ⑩ ＿＿＿＿＿ … 医療・年金・雇用・**介護保険**など。

　■ **公的扶助** … ⑪ ＿＿＿＿＿法に基づいて実施。

▶ **環境の保全** … ⑫ ＿＿＿＿＿法の制定，環境アセスメント。

　■ ３Ｒの実践 … **リデュース**，⑬ ＿＿＿＿＿，**リサイクル**
　　　　　　　　　↑ ごみの発生を抑える　↑ 再使用　　↑ 再生利用

4 国際社会と世界の平和

▶ **主権国家の領域** … **領土**・① ＿＿＿＿＿・**領空**からなる。

　■ **排他的経済水域** … 領海の外側で，沿岸から ② ＿＿＿海里

　までの水域。漁業資源や鉱産資源の権利は沿岸国にある。

▶ **国際法** … 国際慣習法や ③ ＿＿＿＿＿など。
　　　　　　　　　　　　　　　↑ 国と国が結ぶ

▶ **国際連合(国連)** … 1945年成立。本部は ④ ＿＿＿＿＿。

▶ **安全保障理事会** … 常任理事国は，１か国でも反対すると決定
　　　　　　　　　　　↑ アメリカ，ロシア，イギリス，フランス，中国

　できない ⑤ ＿＿＿＿＿をもつ。五大国一致の原則。

▶ **国連の活動** … 平和維持活動(⑥ ＿＿＿＿＿)。
　　　　　　　　　　　　　　　　　　　↑一致

▶ **地域主義(地域統合)** … 特定の地域の国々が協力。ヨーロッパ
　　↑ リージョナリズム

　の政治的・経済的統合を目指す**ヨーロッパ連合(⑦ ＿＿＿＿＿)**，
　　　　　　　　　　↑ 共通通貨のユーロを導入

　東南アジア諸国連合(⑧ ＿＿＿＿＿)，**APEC**，**TPP**など。
　　　　　　　　　　　　　　　　　　　　　↑エイペック　↑ティーピーピー
　　　　　　　　　　　　アジア太平洋経済協力会議↑　　↑ 環太平洋経済連携協定

5 今日の国際問題と課題

▶ **地球環境問題** … ① ＿＿＿＿＿化，酸性雨，オゾン層の破壊，
　　　　　　　　　　　↑ 化石燃料の大量消費が原因

　砂漠化，熱帯林の減少など。

　■ **地球温暖化** … ② ＿＿＿＿＿ガスの増加で地球の気温が上昇。
　　　　　　　　　　　↑ 二酸化炭素など

　■ 取り組み … ③ ＿＿＿＿＿，**京都議定書**，**パリ協定**。
　　　　　　　　　↑ 国連環境開発会議

▶ **南北問題** … ④ ＿＿＿＿＿と先進国との間の経済格差の問題。

▶ **貧困問題** … アジアやアフリカに多い。国連は ⑤ ＿＿＿＿＿
　　　　　　　　　　　　　　　　　　　　　　　↑ 持続可能な開発目標

　を採択。フェアトレードやマイクロクレジットによる支援。

▶ **資源・エネルギー問題** … ⑥ ＿＿＿＿＿の利用。
　　　　　　　　　　　　↑ 太陽光，風力，地熱，バイオマスなど

▶ **日本の経済援助** … 日本の**政府開発援助(⑦ ＿＿＿＿＿)**の額は世
　　　　　　　　　　　　　↑ エヌジーオー

　界有数。非政府組織(**NGO**)とも協力。**人間の安全保障**の考え方。
　　　　　　　　　　　　　　　↑ 一人ひとりの人間の生命を尊重

⚠ ミス注意

景気変動

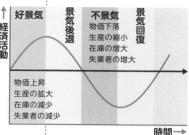

好景気　景気後退　不景気　景気回復

経済活動

物価上昇
生産の拡大
在庫の減少
失業者の減少

不景気
物価下落
生産の縮小
在庫の増大
失業者の増大

時間→

確認

リサイクルの推進

循環型社会の基本であるリサイクルをすすめるため，さまざまな法律が定められている。

● 容器包装リサイクル法
● 家電リサイクル法
● 食品リサイクル法
● 建設リサイクル法
● 自動車リサイクル法

▶▶ くわしく

国際連合の主なしくみ

信託統治理事会(活動停止中)
安全保障理事会
事務局
総会
国際司法裁判所
経済社会理事会
専門機関

・国連児童基金(UNICEF)
・国連難民高等弁務官事務所
など

・国連教育科学文化機関(UNESCO)
・世界保健機関
・国際労働機関
など

確認

二酸化炭素の排出量の国別割合

2017年
328億t
(二酸化炭素換算)

日本　3.4
その他
中国 28.3%
EU 9.8
14.5　アメリカ
6.6　インド
4.7　ロシア

【2020/21年版「日本国勢図会」】

29

7日目 公民②

Step-2 >>> 実力をつける

⇒【目標時間】30分 ／【解答】56ページ

点

1 国民生活と経済，企業について，次の問いに答えなさい。 【各4点】

(1) 家計の支出のうち，食料費，住居費，光熱費などの支出を何といいますか。

（　　　　　　　）

(2) 製品の欠陥によって消費者が被害を受けた場合に，企業に過失がなくても，被害者の救済を義務づけた法律を何といいますか。 （　　　　　　　）

(3) 市場経済の下で，次の①・②の価格をそれぞれ何といいますか。

① 需要量と供給量の関係で決まる価格 （　　　　　　　）

② 需要量と供給量が一致したときの価格 （　　　　　　　）

(4) ①独占を禁止し企業間の自由競争を確保するために制定された法律を何といいますか。また，②この法律を運用する行政機関を何といいますか。

①（　　　　　　　） ②（　　　　　　　）

2 財政と国民の福祉について，次の問いに答えなさい。 【(1)④は12点，他は各4点】

(1) 右の図を見て，次の問いに答えなさい。

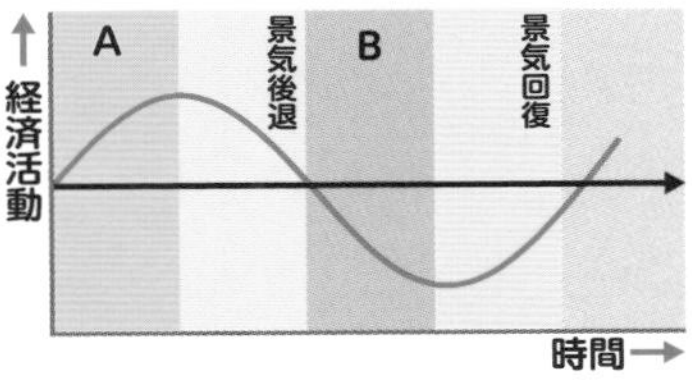

① 国の経済において，好景気と不景気が交互に繰り返されることを何といいますか。（　　　　　　　）

② 図中のAのときの現象としてあてはまらないものを，次のア～エから1つ選び，記号で答えなさい。 （　　　）

ア 在庫の増大　　**イ** 雇用の増大　　**ウ** 生産の拡大　　**エ** 株価の上昇

③ 図中のAが行き過ぎておこる，物価が継続して上昇して貨幣の価値が下がる現象を何といいますか。 （　　　　　　　）

④ 図中のBのとき，日本銀行はどのような金融政策を行って，景気の安定を図りますか。「国債」という語句を使って簡単に書きなさい。

（　　　　　　　　　　　　　　　　　　　　）

(2) 日本の社会保障制度の4つの柱のうち，病気や失業などの際に，一定の給付を受ける制度を何といいますか。

（　　　　　　　）

3 国際社会と世界の平和について，次の問いに答えなさい。 【各4点】

(1) 領海の外側の，沿岸から200海里までの水域を何といいますか。

（　　　　　　　　）

(2) 次の文を読んで，あとの問いに答えなさい。

◇ⓐ世界の平和維持について主要な責任を持つ国連の中心機関である。この機関では，常任理事国のうちⓑ1か国でも反対すれば採択できないことになっている。

① この機関を何といいますか。 （　　　　　　　　）

② 下線部ⓐを行うための国連の活動を何といいますか。略称をアルファベットで答えなさい。 （　　　　　　　　）

③ 下線部ⓑの特権を何といいますか。 （　　　　　　　　）

(3) 近年，特定の地域でまとまって協調や協力を強める動きが広がっていますが，この動きを何といいますか。 （　　　　　　　　）

(4) EU加盟の国々で導入されている共通通貨を何といいますか。 （　　　　　　　　）

(5) 東南アジアの10か国が結成し，地域の経済・社会の発展を目指している地域機構を何といいますか。 （　　　　　　　　）

4 今日の国際問題と取り組みについて，次の問いに答えなさい。 【各4点】

(1) 右のグラフは，地球温暖化の原因となる二酸化炭素（CO_2）の各国の排出量の国別割合を示したものです。グラフ中のＡにあてはまる国名を答えなさい。

（　　　　　　　　）

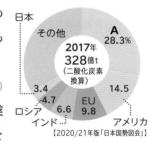

日本
その他
A
28.3%
2017年
328億t
（二酸化炭素換算）
3.4
14.5
-4.7
ロシア
6.6
EU
9.8
インド
アメリカ
【2020/21年版「日本国勢図会」】

(2) 2015年に国連で採択された，世界の平均気温の上昇を産業革命以前と比べて，2度未満に抑えることを目標とした協定を何といいますか。

（　　　　　　　　）

(3) 現在の国際社会にみられる，先進国と発展途上国との間の経済格差や，そこから生まれるさまざまな問題を何といいますか。

（　　　　　　　　）

(4) 次の①・②の用語の略称を，それぞれアルファベットで答えなさい。

① 政府開発援助　　② 非政府組織

①（　　　　　　　）②（　　　　　　　）

模擬試験 第1回 [制限時間] 50分 [解答] 57ページ

1 次のA〜Dの文は歴史上の人物について述べたものです。これを読んで，下の問いに答えなさい。

((3)と(6)は各2点，他は各4点)

A 北条氏を倒し全国を統一した。2度にわたって朝鮮に兵を送った。
B 公事方御定書を制定し，裁判の公正を図った。目安箱を置き，庶民の声を聞いた。
C 南朝と北朝を統一した。明との貿易を開始した。
D 承久の乱後に執権となり，日本で最初の武家法を制定した。

(1) A〜Dの人物を時代の古い順に並べて，記号で答えなさい。（完答）

[　　→　　→　　→　　]

(2) Aの人物が行った，農民や寺院などから武器を取り上げた政策を何といいますか。

[　　]

(3) Bの人物が行った改革の名を次のア〜エから1つ選び，記号で答えなさい。
　ア　天保の改革　　イ　寛政の改革　　ウ　享保の改革　　エ　文治政治

[　　]

(4) Cの人物は，明との貿易の際，正式な貿易船に，明から与えられた証明書をもたせました。この証明書を何といいますか。

[　　]

(5) Dの人物の下線部の法令は，御家人に対して裁判の基準を示したものです。この法令を何といいますか。

[　　]

(6) A〜Dの人物が活躍した時代に関係が深いものを次のア〜エから1つずつ選び，記号で答えなさい。
　ア　書院造　　イ　濃絵　　ウ　『平家物語』　　エ　『解体新書』

A[　　]　B[　　]　C[　　]　D[　　]

2 右の年表を見て，次の問いに答えなさい。 (各3点)

(1) ［ A ］には，下田と函館を開港した条約があてはまります。この条約を何といいますか。

[ ]

(2) ［ B ］には，地価の3％の税金を現金で納めさせるようにした改革があてはまります。この改革を何といいますか。

[ ]

(3) ［ C ］にあてはまる人物の名前を答えなさい。

[ ]

(4) 下線部aについて，米騒動後に成立した日本初の本格的な政党内閣について，その内閣総理大臣を務めた人物の名前を答えなさい。

[ ]

年	できごと
1853	ペリー来航。翌年［ A ］が結ばれる。
1868	五箇条の御誓文が出される。
1873	［ B ］が始まる。
1911	［ C ］がアメリカとの間で関税自主権の回復に成功。
1918	a米騒動がおこる。
1929	アメリカで株価が大暴落し，世界恐慌がおこる。
	↕ X
1937	日中戦争がおこる。
1939	第二次世界大戦がおこる。
1945	日本がポツダム宣言を受諾し，戦争が終結する。
1956	b日ソ共同宣言を調印。
1973	［ D ］がおこる。

(5) Xの期間におこったできごととしてあてはまらないものを次のア〜エから1つ選び，記号で答えなさい。

ア 日本の国際連盟脱退の通告　　イ 五・一五事件
ウ 二・二六事件　　　　　　　　エ 二十一か条の要求

[ ]

(6) 下線部bについて，日ソ共同宣言の影響でおこったできごとを次のア〜エから1つ選び，記号で答えなさい。

ア 沖縄の日本復帰　　イ 日本の国際連合加盟　　ウ 冷戦の終結　　エ ソ連解体

[ ]

(7) ［ D ］には，日本の高度経済成長が終わるきっかけとなったできごとがあてはまります。このできごとを何といいますか。

[ ]

③ 右の地図を見て，次の問いに答えなさい。　　　　　　　　　　　（各3点）

(1) 地図中の**A～C**のうち，赤道を
1つ選び，記号で答えなさい。

[　　　　　]

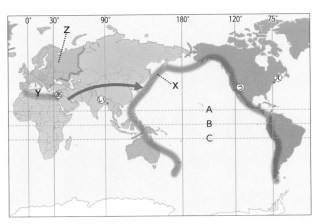

(2) 地図中の**X**で示した，日本列島
が属する造山帯を何といいますか。

[　　　　　]

(3) 日本が1月1日午前8時のとき
に，12月31日午後6時の場所を地図中の**あ～え**から1つ選び，記号で答えなさい。

[　　　　　]

(4) 地図中の**Y**の地域の暮らしについて述べたものとして正しくないものを，次の**ア～エ**
から1つ選び，記号で答えなさい。
　ア　日干しれんがの家がみられる。　　イ　小規模なオアシス農業が行われている。
　ウ　イスラム教を信仰する人が多い。　　エ　稲作がさかんで，米が主食である。

[　　　　　]

(5) 世界の6つの州のうち，地図中の**Z**の州について述べたものを次の**ア～エ**から1つ選
び，記号で答えなさい。
　ア　アマゾン川流域で熱帯雨林の減少が深刻。日系人が多く住む。
　イ　かつてほとんどの国がヨーロッパ諸国の植民地。ダイヤモンドやレアメタルが豊富。
　ウ　政治的・経済的な統合が進む。共通通貨のユーロが導入されている。
　エ　面積・人口ともに世界一の州。大河流域で稲作がさかんな国が多い。

[　　　　　]

(6) 地図中の➡は，ある鉱産資源の日本の輸入を表しています。あてはまる鉱産資源を
次の**ア～エ**から1つ選び，記号で答えなさい。
　ア　石炭　　イ　鉄鉱石　　ウ　天然ガス　　エ　原油

[　　　　　]

4 右の地図を見て，次の問いに答えなさい。

(各3点)

(1) 日本の標準時子午線を，地図中の①〜③から１つ選び，記号で答えなさい。

[　　　　]

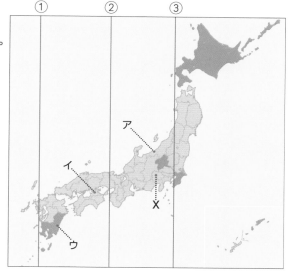

(2) 地図中の▨▨は，ある家畜の飼育数が全国５位までの都道府県です（2019年）。この家畜にあてはまるものを次のア〜エから１つ選び，記号で答えなさい。

ア　肉用にわとり　　イ　豚
ウ　乳牛　　エ　卵用にわとり

[　　　　]

(3) 右のグラフは，ある都市の気温と降水量を表しています。あてはまる都市を地図中のア〜ウから１つ選び，記号で答えなさい。

[　　　　]

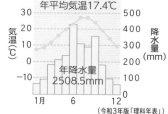

年平均気温17.4℃

年降水量
2508.5mm

(令和3年版「理科年表」)

(4) 右は，右上の地図中のＸの甲府盆地の地形図です。これを見て，次の問いに答えなさい。

① ▨▨で示した，川が山地から運んできた土砂が平地に出るところに積もってできた地形を何といいますか。

[　　　　]

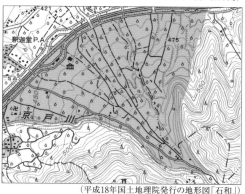

(平成18年国土地理院発行の地形図「石和」)

② ▨▨で示した地域に多くみられる地図記号は何を表していますか。次のア〜エから１つ選び，記号で答えない。

ア　茶畑　　イ　広葉樹林　　ウ　田　　エ　果樹園

[　　　　]

5 右の図を見て，次の問いに答えなさい。

((1)と(3)は各3点，他は各2点)

(1) 図のように，日本では国家権力の濫用_{らんよう}を防ぐ_{ふせ}ために，国会・内閣・裁判所の3つの機関に権力を分散しています。このしくみを何といいますか。

[　　　　　　　　]

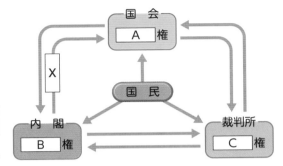

(2) (1)の理論を唱えた人物を次のア～エから1人選び，記号で答えなさい。

ア ロック　　イ ルソー　　ウ モンテスキュー　　エ リンカン

[　　　　]

(3) 図中の A ～ C にあてはまる語句を，それぞれ漢字2字で答えなさい。

A[　　　　]　B[　　　　]　C[　　　　]

(4) 図中の国会について，衆議院の優越_{しゅうぎいん ゆうえつ}が認め_{みと}られているものとして正しくないものを次のア～エから1つ選び，記号で答えなさい。

ア 予算の議決　　イ 国政調査権　　ウ 内閣総理大臣の指名　　エ 法律案の議決_{ほうりつあん}

[　　　　]

(5) 図中の内閣について， X には，内閣が世論_{せろん}を問うために行うことがあてはまります。あてはまるものを次のア～エから1つ選び，記号で答えなさい。_{よろん}

ア 弾劾裁判の実施_{だんがい じっし}　　　　イ 国民審査_{しんさ}

ウ 内閣総理大臣の指名　　エ 衆議院の解散

[　　　　]

(6) 図中の裁判所について，裁判所や裁判について正しく述べたものを次のア～エから1つ選び，記号で答えなさい。

ア 裁判官は国会が指名する。　　　　イ 民事裁判で裁判員制度が導入されている。_{みんじ}

ウ 最高裁判所は全国に8か所ある。　　エ 原則として3回まで裁判が受けられる。

[　　　　]

模擬試験 第2回

[制限時間] 50分
[解答] 59ページ

100点満点

1 右の地図を見て，次の問いに答えなさい。

((3)は4点，他は各3点)

(1) 右の地図中の**A**の大陸の名前を答えなさい。

［　　　　　　　　　　］

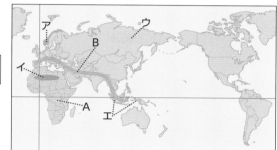

(2) 右の地図中の**B**の造山帯を何といいますか。

［　　　　　　　　　　］

(3) 右の写真のような針葉樹林が広がっているところを，地図中の**ア～エ**から1つ選び，記号で答えなさい。また，このような森林を何といいますか。カタカナで答えなさい。（完答）

記号 ［　　　　　　　　　］

（ピクスタ）

森林 ［　　　　　　　　　］

(4) 世界各地のようすについて，次の**ア～エ**の文から正しいものを1つ選び，記号で答えなさい。

ア 中国の人口の約2割が漢族（漢民族）である。

イ 地中海沿岸の地域では，ぶどうやオリーブの栽培がさかんである。

ウ アフリカ大陸のギニア湾沿岸の国々では，小麦の栽培がさかんである。

エ かつて南アメリカ大陸のほとんどはポルトガルの植民地だったが，ブラジルはスペインの植民地だった。

［　　　　　　　　　　］

(5) オーストラリアの先住民を何といいますか。

［　　　　　　　　　　］

2 次の問いに答えなさい。 (各3点)

(1) 日本の地形について，次の問いに答えなさい。

① 東北地方の中央部を南北に連なる山脈の名前を答えなさい。

[　　　　　　　　　　　　　]

② 川が運ぶ土砂が河口付近に積もってできた平らな地形を何といいますか。

[　　　　　　　　　　　　　]

③ 北方領土と呼ばれる島々を不法に占拠している国の名前を答えなさい。

[　　　　　　　　　　　　　]

(2) 日本の気候について，次の問いに答えなさい。

① 右の地図中に➡で示した，季節によって吹く方向が変わるA・Bの風を何といいますか。

[　　　　　　　　　]

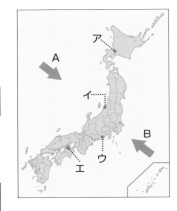

② 右の雨温図があてはまる都市を，地図中のア〜エから1つ選び，記号で答えなさい。

[　　　　　　　　　]

(3) 次の文の（　　）にあてはまる語句を，あとのア〜カから1つずつ選び，記号で答えなさい。

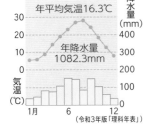
（令和3年版「理科年表」）

① 北海道の（　　）では大規模な畑作が，根釧台地では酪農が行われている。

② 愛知県を中心に広がる中京工業地帯では，（　　）の生産がさかんで，多くの国々に輸出されている。

ア　航空機　　　イ　テレビ　　　ウ　自動車
エ　石狩平野　　オ　十勝平野　　カ　甲府盆地

①[　　　　　　]　　②[　　　　　　]

3 右の年表を見て，次の問いに答えなさい。

(各3点)

年	できごと
607	聖徳太子が遣隋使を送る。…a
645	中大兄皇子らが蘇我氏を倒す。 …b
710	平城京に都を移す。
	↕ c
794	平安京に都を移す。
	↕ d
1192	源頼朝が征夷大将軍になる。
	↕ e
1334	後醍醐天皇が建武の新政を始める。
	↕ f
1590	豊臣秀吉が全国を統一。····g

(1) aの聖徳太子が，政治に対する役人の心構え を説いたものを何といいますか。

[　　　　　　]

(2) bの中大兄皇子らが始めた政治改革を何とい いますか。

[　　　　　　]

(3) cの時代の743年に出された，開墾した土 地の永久私有を認めた法令を何といいますか。

[　　　　　　]

(4) dの時代に，摂関政治の全盛期を築いた人物 を次のア～エから1人選び，記号で答えなさい。

ア　藤原道長　　イ　白河上皇

ウ　源義朝　　　エ　平清盛

[　　　　　　]

(5) eの鎌倉時代におこった元寇について，御家人を指揮した鎌倉幕府の執権を次のア～ エから1人選び，記号で答えなさい。

ア　北条政子　　イ　北条泰時　　ウ　北条時頼　　エ　北条時宗

[　　　　　　]

(6) 右の図は，fの時代に広まった建築様式で，現代 の和風建築のもとになったものです。この建築様式 を何といいますか。

[　　　　　　]

(7) gの豊臣秀吉が，全国の田畑の面積や土地のよし あしを調べた政策を何といいますか。

[　　　　　　]

4 次の文を読んで，あとの問いに答えなさい。　　　　　　　　　　（各3点）

A　江戸幕府は，大名を統制するために_a武家諸法度を制定した。

B　江戸時代には，将軍や老中によって_b幕府政治の改革が行われた。

C　1858年，アメリカとの間で_c条約を結び，5港を開いた。

D　1894年，_d日清戦争がおこった。

E　1925年，普通選挙法が制定され，（　　　　　　　　　）に選挙権が与えられた。

F　1941年，日本は太平洋戦争を始めたが，1945年，（　　）を受け入れて降伏した。

G　1956年，日本の国際連合加盟が実現した。

(1) 下線部aの武家諸法度で，大名に1年おきに江戸と領地を行き来することが義務づけられました。この制度を何といいますか。

[　　　　　　　　　　　]

(2) 下線部bについて，次のア～ウの幕府政治の改革を，行われた順に並べて，記号で答えなさい。（完答）

ア　寛政の改革　　イ　天保の改革　　ウ　享保の改革

[　　　→　　　→　　　]

(3) 下線部cの条約を何といいますか。 [　　　　　　　　　　　]

(4) 下線部dの日清戦争の講和会議が開かれた都市を次のア～エから1つ選び，記号で答えなさい。

ア　長崎　　イ　下関　　ウ　ワシントン　　エ　ポーツマス

[　　　　　　　]

(5) Eの文の（　　）にあてはまる内容を答えなさい。

[　　　　　　　　　　　]

(6) Fの文の（　　）にあてはまる語句を答えなさい。 [　　　　　　　　　　　]

(7) Gの文の日本の国際連合加盟は，日本とソ連との間である宣言が出されたことで実現しました。この宣言を何といいますか。

[　　　　　　　　　　　]

5 次の問いに答えなさい。　　　　　　　　　　　　　　　　　　　　　（各3点）

(1) 国民の3つの義務にあてはまらないものを次の**ア〜ウ**から1つ選び，記号で答えなさい。

　　ア　投票の義務　　**イ**　勤労の義務　　**ウ**　納税の義務

　　　　　　　　　　　　　　　　　　　　　　　　　　　　［　　　　　　　　］

(2) 次の日本国憲法の条文は，社会権の基礎となる権利を示しています。この権利を特に何といいますか。あとの**ア〜エ**から1つ選び，記号で答えなさい。

　　◇第25条①　すべて国民は，健康で文化的な最低限度の生活を営む権利を有する。

　　ア　請求権　　**イ**　環境権　　**ウ**　生存権　　**エ**　自己決定権

　　　　　　　　　　　　　　　　　　　　　　　　　　　　［　　　　　　　　］

(3) 次の文の（　　）にあてはまる数字をあとの**ア〜オ**から1つずつ選び，記号で答えなさい。

　　衆議院で内閣不信任案が可決され，（　a　）日以内に衆議院が解散されると，40日以内に衆議院議員総選挙が行われ，その後（　b　）日以内に特別会が召集される。

　　ア　10　　**イ**　20　　**ウ**　30　　**エ**　50　　**オ**　60

　　　　　　　　　　　　　　　a［　　　　　　　］　b［　　　　　　　］

(4) 現在の日本の裁判では，三審制が取り入れられています。このうち，第一審の判決に不服な場合，上級の裁判所に訴えることを何といいますか。

　　　　　　　　　　　　　　　　　　　　　　　　　　　　［　　　　　　　　］

(5) 所得税や相続税に採用されている，課税対象の金額が多くなるほど税率を高くする課税方法を何といいますか。

　　　　　　　　　　　　　　　　　　　　　　　　　　　　［　　　　　　　　］

(6) 教育・科学・文化を通して，世界の平和と安全を図ることを目的に設立された，国際連合の専門機関の略称を何といいますか。アルファベットで答えなさい。

　　　　　　　　　　　　　　　　　　　　　　　　　　　　［　　　　　　　　］

地理 重要地図・グラフ ポイントチェック

☑ よく出る地図

6大陸と3大洋

☞ 太平洋と大西洋など，名称や位置をまちがえないように。

世界の地域区分と主な地形

☞ 地域区分は，大陸の名前と混同しないように注意。

日本の主な山地,山脈,高地

日本の主な平野と川

2つの造山帯と主な山脈

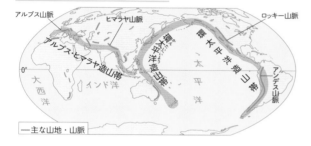

日本の工業地帯と工業地域

☑ よく出るグラフ

米の地方別収穫量の割合

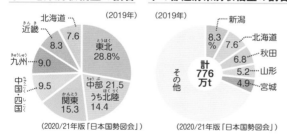

(2020/21年版「日本国勢図会」)

米の都道府県別収穫量の割合

(2019年)

新潟 8.3%
北海道 7.6
秋田 6.8
山形 5.2
宮城 4.9
その他
計776万t

(2020/21年版「日本国勢図会」)

漁業別漁獲量の変化

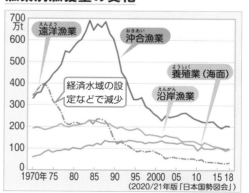

(2020/21年版「日本国勢図会」)

☞ 排他的経済水域が設定されてから,遠く離れた海で漁をする遠洋漁業の漁獲量が減った。近年では,水産物の輸入が増えている。

主な工業地帯の生産額の割合

京浜工業地帯	計26.0兆円 金属 8.9%	機械 49.4	化学 17.7	食料品 11.0	せんい 0.4 その他
中京工業地帯	計57.8兆円 9.4%	69.4	4.7 6.2		0.8
阪神工業地帯	計33.1兆円 20.7%	36.9	17.0	11.0	1.3

特に機械工業の割合が高い

(2017年)(2020/21年版「日本国勢図会」)

歴史 重要人物・法令 ポイントチェック

☑ よく出る人物

時代	人物	行ったこと
弥生	卑弥呼（ひみこ）	邪馬台国が中心の政治的まとまりの女王。魏（中国）に使いを送った。
飛鳥	聖徳太子（厩戸皇子）（しょうとくたいし）	冠位十二階の制度，十七条の憲法を制定。中国に遣隋使を送った。
奈良	聖武天皇（しょうむてんのう）	仏教の力で国を守ろうと，東大寺を建て，大仏をつくった。
奈良	鑑真（がんじん）	唐から来日し，正しい仏教の教えを伝えた。唐招提寺を建てた。
平安	桓武天皇（かんむてんのう）	794年，都を平安京に移した。坂上田村麻呂に蝦夷を平定させた。
平安	最澄（さいちょう）	天台宗を開いた。比叡山に延暦寺を建てた。
平安	空海（くうかい）	真言宗を開いた。高野山に金剛峯（峰）寺を建てた。
平安	藤原道長（ふじわらのみちなが）	娘を天皇の后とし，その子を天皇に立て，権力を握る。摂関政治。
平安	藤原頼通（ふじわらのよりみち）	摂関政治の全盛期を築いた。宇治に平等院鳳凰堂を建てた。
平安	清少納言（せいしょうなごん）	一条天皇の后の定子に仕え，随筆『枕草子』を著した。
平安	紫式部（むらさきしきぶ）	一条天皇の后の彰子に仕え，長編小説『源氏物語』を著した。
平安	白河上皇（しらかわじょうこう）	1086年，天皇の位を譲って上皇となり，院政を始めた。
平安	平清盛（たいらのきよもり）	1167年，武士として初めて太政大臣となった。日宋貿易を行った。
鎌倉	源 頼朝（みなもとのよりとも）	全国に守護・地頭を設置。鎌倉幕府を開いた。征夷大将軍。
鎌倉	北条時宗（ほうじょうときむね）	執権として，文永の役・弘安の役（元寇）の際に御家人を指揮。
室町	足利義満（あしかがよしみつ）	室町幕府3代将軍。南北朝を統一。日明（勘合）貿易を始めた。
室町	ザビエル	イエズス会の宣教師。1549年に日本へキリスト教を伝えた。
安土桃山	織田信長（おだのぶなが）	長篠の戦いで武田氏を破った。安土城下で楽市・楽座を実施。
安土桃山	豊臣秀吉（とよとみひでよし）	太閤検地・刀狩を実施。1590年に全国統一を達成した。
江戸	徳川家康（とくがわいえやす）	関ヶ原の戦いに勝利。1603年，征夷大将軍となって江戸幕府を開く。
江戸	徳川家光（とくがわいえみつ）	3代将軍。参勤交代を制度化。鎖国の体制を完成させた。
江戸	徳川吉宗（とくがわよしむね）	8代将軍。享保の改革で公事方御定書を定め，目安箱を設置。
江戸	田沼意次（たぬまおきつぐ）	江戸幕府の老中。長崎貿易を拡大し，株仲間の結成を奨励した。

時代	人物	行ったこと
江戸	水野忠邦 （みずのただくに）	江戸幕府の老中。天保の改革で株仲間を解散させた。
	伊能忠敬 （いのうただたか）	日本全国の海岸線を測量し，正確な日本地図をつくった。
	ペリー	浦賀に来航し，日本に開国を要求。1854年に日米和親条約を結んだ。
	坂本龍馬 （さかもとりょうま）	土佐藩出身。新しい国づくりを目指し，薩長同盟を仲立ちした。
明治	西郷隆盛 （さいごうたかもり）	薩摩藩出身。薩長同盟を結び，新政府軍を指揮。西南戦争で自害。
	福沢諭吉 （ふくざわゆきち）	『学問のすゝめ』を著し，日本に西洋の文化を紹介した。
	板垣退助 （いたがきたいすけ）	民撰議院設立の建白書を提出。自由民権運動の中心人物。
	伊藤博文 （いとうひろぶみ）	初代内閣総理大臣。大日本帝国憲法の草案を作成した。
	田中正造 （たなかしょうぞう）	足尾銅山鉱毒事件で，被害者の救済のために力をつくした。
大正	原敬 （はらたかし）	立憲政友会の総裁として，初の本格的な政党内閣を組織した。
昭和	吉田茂 （よしだしげる）	1951年，アメリカなど48か国とサンフランシスコ平和条約を結んだ。

☑ よく出る法令（一部要約）

十七条の憲法（飛鳥時代）

一に曰く，和をもって貴しとなし，さからふことなきを宗とせよ。
二に曰く，あつく三宝を敬へ。
三に曰く，詔をうけたまはりては，必ずつつしめ。

☞ 聖徳太子が定めた，役人の心構えを示したもの。

分国法（戦国時代）

一，けんかをしたときは，理非を問わず罰する。
一，許しを得ないで他国に手紙を出してはならない。

（甲州法度之次第・武田氏）

☞ 領国の支配のため，各地の戦国大名が独自に制定。

刀狩令（安土桃山時代）

一，諸国の百姓が刀や脇差，弓，やり，鉄砲，その他の武具を持つことは固く禁止する。

☞ 豊臣秀吉が，農民の一揆を防ぐために出した命令。

武家諸法度（江戸時代）

一，文武弓馬の道にはげむこと。
一，大名は領地と江戸に交替で住み，毎年四月中に参勤せよ。

（1635年に出されたもの）

☞ 江戸幕府が大名統制のために制定した。

五箇条の御誓文（明治時代）

一，広ク会議ヲ興シ万機公論ニ決スヘシ
一，上下心ヲ一ニシテ盛ニ経綸ヲ行フヘシ
一，官武一途庶民ニ至ル迄，各其志ヲ遂ケ，人心ヲシテ倦マサラシメンコトヲ要ス

☞ 明治政府が示した新しい政治の方針。

重要条文・図 ポイントチェック

☑ よく出る日本国憲法の条文

第1条 天皇の地位と国民主権

天皇は，日本国の象徴であり日本国民統合の象徴であって，この地位は，主権の存する日本国民の総意に基く。

☞ 天皇は「象徴」であり，主権者は国民であることをおさえよう。国民主権は，主権在民ともいう。

第3条 内閣の助言と承認

天皇の国事に関するすべての行為には，内閣の助言と承認を必要とし，内閣が，その責任を負ふ。

☞ 国事行為には内閣の助言と承認が必要。国事行為とは，天皇が行うと憲法に定められた形式的・儀礼的な行為。

第9条 戦争の放棄

①…，国権の発動たる戦争と，武力による威嚇又は武力の行使は，国際紛争を解決する手段としては，永久にこれを放棄する。
②前項の目的を達するため，陸海空軍その他の戦力は，これを保持しない。国の交戦権は，これを認めない。

☞ 憲法では，徹底した平和主義を定めている。第9条の三本柱である，①戦争を放棄する，②戦力をもたない，③交戦権を認めない，をしっかりおさえておこう。

第25条 生存権

①すべて国民は，健康で文化的な最低限度の生活を営む権利を有する。

☞ 憲法は，社会権の基礎となる，生存権を保障している。第25条の①は，条文をそのまま暗記しておこう。

第69条 内閣不信任決議

内閣は，衆議院で不信任の決議案を可決し，又は信任の決議案を否決したときは，10日以内に衆議院が解散されない限り，総辞職をしなければならない。

☞ 「10日以内」に衆議院を解散した場合，解散後「40日以内」に総選挙，「30日以内」に特別会（特別国会）を召集。3つの日数をおさえよう。

第76条 司法権と裁判官の独立

①すべて司法権は，最高裁判所及び法律の定めるところにより設置する下級裁判所に属する。
③すべて裁判官は，その良心に従ひ独立してその職権を行ひ，この憲法及び法律にのみ拘束される。

☞ 裁判官は，自分の良心に従って，内閣や国会からの干渉を受けることなく独立して裁判を行うと定められている。下級裁判所とは，高等裁判所，地方裁判所，家庭裁判所，簡易裁判所のこと。

第96条 憲法改正の手続き

①この憲法の改正は，各議院の総議員の3分の2以上の賛成で，国会が，これを発議し，国民に提案してその承認を経なければならない。この承認には，…国民投票……において，その過半数の賛成を必要とする。

☞ 国会が発議し，国民が承認する流れをおさえよう。

☑ よく出るしくみ図

国会での議案の審議

議院内閣制のしくみ

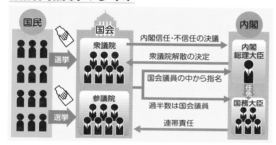

日本の三権分立のしくみ

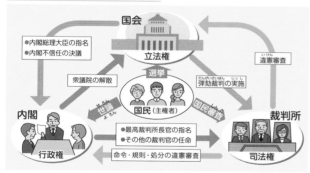

憲法改正の手続き

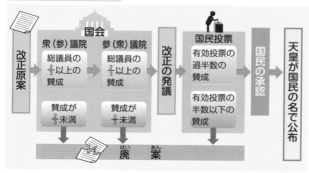

衆議院と参議院の比較

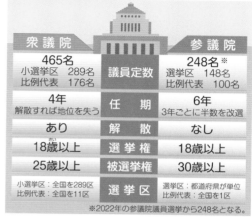

衆議院		参議院
465名 小選挙区 289名 比例代表 176名	議員定数	248名※ 選挙区 148名 比例代表 100名
4年 解散すれば地位を失う	任期	6年 3年ごとに半数を改選
あり	解散	なし
18歳以上	選挙権	18歳以上
25歳以上	被選挙権	30歳以上
小選挙区：全国を289区 比例代表：全国を11区	選挙区	選挙区：都道府県が単位 比例代表：全国を1区

※2022年の参議院議員選挙から248名となる。

☞ 衆議院と参議院では，議員定数，任期，被選挙権，選挙区などに違いがある。数字をそれぞれおさえておこう。

三審制のしくみ

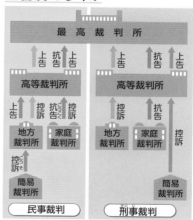

株式会社のしくみ

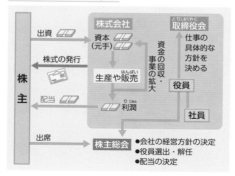

編集協力	余島編集事務所
イラスト・図版	生駒さちこ, 坂本奈緒, 木村図芸社, 青橙舎（高品吹夕子）
写真提供	写真そばに記載
カバー・本文デザイン	星光信（Xing Design）
DTP	㈲新榮企画

解答と解説

高校入試 中学3年分をたった7日で総復習 ／改訂版／

社会

Gakken

Step-1 >>> | 基本を確かめる | ▶4ページ

解答

① ①ユーラシア　②太平洋
　③オーストラリア　④南アメリカ

② ①ナイル　②ヒマラヤ　③アンデス

③ ①高床　②タイガ　③日干しれんが
　④遊牧　⑤アルパカ

④ ①季節風(モンスーン)　②漢族(漢民族)
　③稲作(米づくり)　④原油(石油)
　⑤経済特区

⑤ ①偏西風　②地中海式
　③EU(ヨーロッパ連合)
　④ユーロ

⑥ ①カカオ豆(カカオ)　②茶
　③レアメタル　④モノカルチャー

⑦ ①ヒスパニック　②適地適作
　③サンベルト

⑧ ①コーヒー豆(コーヒー)　②鉄鉱石
　③熱帯林(熱帯雨林)
　④バイオ燃料(バイオエタノール)

⑨ ①アボリジニ　②羊　③石炭

解説 ･･････････････････････････････

⑤ ④スウェーデン，デンマークや東ヨーロッパの一部の国々は**ユーロ**を導入せず，独自の通貨を使用している。

⑦ ③**サンベルト**は，温暖で土地が安く，資源や労働力が豊富なため,工業が発達した。

Step-2 >>> | 実力をつける | ▶6ページ

解答

Ⅰ (1) インド洋　(2) オセアニア州
(3) 赤道　(4) イ　(5) ウ
(6) 季節風(モンスーン)　(7) タイガ

2 (1) A－ウ　B－エ　C－イ　D－ア
(2) イスラム教　(3) ウ　(4) ア

解説 ･･････････････････････････････

Ⅰ (4) **本初子午線**はイギリスの首都ロンドン郊外の旧グリニッジ天文台を通る。この線より東は東経，西は西経で表される。

(5) 土を固めた日干しれんがの住居は，樹木が育たない乾燥した地域やアンデス山脈の高地などで見られる。

(6) **季節風(モンスーン)**は，夏は海洋から大陸へ，冬は大陸から海洋へ吹く。この風の影響を受ける東アジアから南アジアの平野部では，稲作がさかんである。

2 (1) Aはアメリカ合衆国。近年は,**ヒスパニック**と呼ばれるメキシコや中央アメリカのスペイン語圏からの移民が増えている。Bはブラジル。南アメリカの国々のうち，ブラジルはポルトガルの植民地だったが，その他のほとんどの国はスペインの植民地だった。ブラジルには20世紀初めに日本から多くの人々が移住したため，現在でも日系人が多い。Cはオーストラリア。オーストラリアでは，北西部で鉄鉱石，東部で石炭の産出が多い。Dは中国。人口世界一の中国では，人口増加を抑制するために夫婦1組につき子どもを一人までとする**一人っ子政策**をとってきたが，2016年に見直された。

(2) Xはサウジアラビア。西アジア，中央アジア，北アフリカにかけての地域では大部分の人々がイスラム教を信仰している。

(3) 地中海沿岸のスペインとイタリアが上位にきていることに着目する。Yの地中海沿岸では，乾燥する夏に乾燥に強いオリーブやぶどうを栽培し，やや雨が多くなる冬に小麦を栽培している。このような農業を**地中海式農業**と呼ぶ。

(4) Zはペルシア湾沿岸。ペルシア湾沿岸のサウジアラビア，アラブ首長国連邦，イラク，クウェートなどは原油の産出が多く，日本へも多く輸出している。

地理②

日本のすがた

Step-1 >>> | 基本を確かめる | ▶8ページ

解答

1 ①領海 ②本州 ③北方領土

2 ①環太平洋

　②日本アルプス(日本の屋根)

　③扇状地 ④リアス

　⑤季節風(モンスーン) ⑥日本海側

　⑦瀬戸内 ⑧南西諸島 ⑨減災

　⑩ハザード(防災)マップ ⑪共助

3 ①大阪 ②過疎(化) ③高齢

4 ①近郊 ②促成 ③潮目(潮境)

　④栽培 ⑤太平洋ベルト

　⑥加工貿易 ⑦商業

5 ①アイヌ ②酪農 ③米 ④りんご

　⑤さくらんぼ(おうとう) ⑥京浜

　⑦米 ⑧阪神 ⑨京都 ⑩瀬戸内

　⑪本州四国 ⑫シラス ⑬アメリカ(米)

6 ①縮尺 ②田 ③果樹園

　④広葉樹林 ⑤警察署 ⑥老人ホーム

　⑦病院

解説 ･････････････････

2 ④**リアス海岸**は山地が海に沈んでできた，複雑に入り組んだ海岸。

3 ③日本は現在，少子化と高齢化が同時に進行している**少子高齢社会**となっている。また，2010年ごろから人口が減少する時代となった。

Step-2 >>> | 実力をつける | ▶10ページ

解答

1 (1) ロシア(連邦) (2) 環太平洋造山帯

　(3) 季節風(モンスーン) (4) イ

2 (1) ウ (2) X (3) 500m

3 (1) エ

　(2) A－親潮(千島海流)
　　　B－黒潮(日本海流)

　(3) イ (4) ア

解説 ･････････････････

1 (1) **X**は**北方領土**で，択捉島・国後島・色丹島・歯舞群島からなる。第二次世界大戦末期にソ連に占領され，1991年のソ連崩壊後はロシアが不法に占拠を続けている。

(2) **環太平洋造山帯**は太平洋を取り囲むように形成されており，アンデス山脈，ロッキー山脈，日本列島，ニュージーランドなどが属している。

(3) **季節風(モンスーン)**は，日本列島では夏は太平洋からユーラシア大陸へ向かって吹く南東風で，冬はユーラシア大陸から太平洋へ向かって吹く北西風となる。

(4) 冬の降水量が多いことに着目する。日本海側の冬は，北西の季節風が湿った空気を運んできて，山脈にぶつかってその手前に雨や雪を降らせるため，降水量が多くなる。イの上越(高田)の雨温図である。

2 (1) ア郵便局は〒，イ市役所は◎，エ図書館は𝄔の地図記号で表される。

(2) 等高線の間隔がせまいほど傾斜が急になる。

(3) 地形図中の等高線が10mごとに引かれているので，縮尺が2万5千分の1の地形図であるとわかる。実際の距離は，地図上の長さ×縮尺の分母で求められるから，2(cm)×25000＝50000(cm)で500mとなる。

3 (1) 高知平野では，冬にビニールハウスや温室を利用して野菜の出荷時期を早める**促成栽培**が行われている。他の地域と出荷時期をずらすことによって野菜に高値がつく利点がある。

(3) 愛知県と三重県北部に広がる**中京工業地帯**についての説明。豊田市の自動車工業を中心に発達したことから，機械工業の生産額の割合が高いことが特色。

(4) オーストラリアとブラジルが上位にきていることに着目する。石炭の輸入先でもオーストラリアが第1位だが，石炭の場合はインドネシアが第2位にくる。

3日目 歴史①

文明のおこり～平安時代

Step-1 >>> | 基本を確かめる | ▶12ページ

解答

① ①新人 ②打製 ③磨製
④太陽 ⑤くさび形 ⑥甲骨
⑦ポリス(都市国家) ⑧ローマ帝国

② ①たて穴 ②貝塚

③ ①稲作 ②高床倉庫 ③奴国
④卑弥呼

④ ①前方後円墳 ②渡来人

⑤ ①十七条の憲法 ②法隆寺
③大化の改新 ④白村江の戦い
⑤壬申の乱 ⑥大宝律令

⑥ ①墾田永年私財 ②遣唐使 ③聖武

⑦ ①桓武 ②摂関 ③寝殿造

解説

① ⑤⑥エジプト文明－象形文字，メソポタミ
ア文明－**くさび形文字**，中国文明－**甲骨
文字**をおさえておく。

③ ④**邪馬台国**の**卑弥呼**は，女王となって30ほ
どの国をおさめていた。

④ ①**前方後円墳**は，前が方形，後ろが円形の，
古墳の形式である。
②**渡来人**は，中国や朝鮮半島から日本に移
り住んだ人々である。

⑤ ③**大化の改新**の中心であった中大兄皇子は，
のちに即位して天智天皇となる。

⑥ ①口分田が不足してきたので開墾をすすめ
ようと，**墾田永年私財法**が出された。

⑦ ②摂政の「摂」，関白の「関」をとって**摂関政
治**と呼んだ。

Step-2 >>> | 実力をつける | ▶14ページ

解答

I (1) a－象形(神聖)文字 d－甲骨文字
(2) ピラミッド (3) b (4) ウ

2 (1) 貝塚 (2) 石包丁
(3) (例)摘み取った稲の穂の貯蔵。
(4) ①邪馬台国 ②魏

3 (1) 前方後円墳 (2) ウ (3) 冠位十二階
(4) 中大兄皇子，中臣鎌足(順不同)
(5) 大宝律令

4 (1) 墾田永年私財法 (2) イ
(3) 天台宗－最澄 真言宗－空海
(4) 藤原道長 (5) 紫式部

解説

I (1) **b**のメソポタミア文明ではくさび形文
字，**c**のインダス文明ではインダス文字
が使われた。
(3) **a**のエジプト文明では**太陽暦**が使われた。
(4) **イエス**はキリスト教，**孔子**は儒学(儒教)，
ムハンマドはイスラム教を説いた。

2 (2) 根元をかるのではなく，**石包丁**で穂先を
摘み取って稲をかった。
(3) 資料**B**は**高床倉庫**で，摘み取った稲を保
存した。湿気やねずみの害を防ぐために，
床を高くした。

3 (2) **ア・イ・エ**は，古墳時代に渡来人が伝え
たもの。**ウ**は縄文時代につくられた。
(3) **聖徳太子**の政策として，**冠位十二階**の制
度，**十七条の憲法**，遣隋使の派遣，**法隆
寺**の建立をおさえておこう。
(5) **大宝律令**が制定されたのは701年で，奈
良時代が始まる前である。

4 (1) 723年の三世一身法は，三代までの私有
を認めたものだが，返還の時期がくると
耕作をしなくなったため，**墾田永年私財
法**を出して永久私有を認めた。
(2) 聖武天皇は，国ごとに国分寺・国分尼寺
を建てた。東大寺には大仏をまつった。
(4) **藤原道長**・頼通父子のときに，摂関政治
が全盛となった。
(5) **清少納言**は「**枕草子**」を著した。

4日目 歴史②

平安時代末〜江戸時代

Step-1 >>> | 基本を確かめる | ▶16ページ

解答

① ①平清盛 ②源頼朝
③御成敗式目(貞永式目)
④親鸞 ⑤金剛力士像
⑥北条時宗 ⑦後醍醐
② ①足利義満 ②倭寇 ③土一揆
③ ①鉄砲 ②(フランシスコ=)ザビエル
③織田信長 ④刀狩 ⑤朝鮮
⑥千利休
④ ①徳川家康 ②参勤交代 ③朱印船
④鎖国 ⑤蔵屋敷 ⑥五街道
⑦徳川吉宗 ⑧株仲間 ⑨松平定信
⑤ ①国学 ②伊能忠敬 ③近松門左衛門
④歌川(安藤)広重
⑥ ①名誉 ②南北 ③アヘン
⑦ ①異国船打払令 ②水野忠邦

解説

① ②源頼朝は,1192年に征夷大将軍に任じられた。
③1232年,執権北条泰時が御成敗式目を制定した。
⑤金剛力士像は,運慶・快慶らが制作した。
② ①義満が京都の室町に御所を建てたことから,足利氏の幕府を室町幕府という。
②倭寇を禁止し,正式な貿易船には,勘合と呼ばれる証明書を持たせた。
③1428年には,借金の帳消しを認める徳政令を要求する,正長の土一揆がおきた。
③ ④太閤検地と刀狩によって,武士と農民との身分が区別され,兵農分離が進んだ。
④ ②参勤交代によって,大名は1年おきに江戸と領地を往復した。
⑧商工業者の同業者組合は,鎌倉・室町時代は座,江戸時代は株仲間である。
⑦ ②幕政改革は,享保の改革－8代将軍徳川吉

(右段上部)

宗,寛政の改革－老中松平定信,天保の改革－老中水野忠邦が行った。

Step-2 >>> | 実力をつける | ▶18ページ

解答

Ⅰ (1) ①エ ②ウ (2) 承久の乱
(3) ①フビライ=ハン ②北条時宗
(4) 親鸞
② (1) 勘合 (2) 書院造
(3) (フランシスコ=)ザビエル
(4) 太閤検地(検地) (5) 千利休
③ (1) 徳川家康 (2) イ
(3) 島原・天草一揆 (4) 西廻り航路
(5) 目安箱 (6) エ
(7) ①本居宣長 ②A－エ B－ア
(8) 株仲間

解説

Ⅰ (1) 平治の乱→平清盛が太政大臣になる→壇ノ浦の戦い→源頼朝が征夷大将軍になる,という流れをおさえておこう。
(3) 1274年の文永の役と1281年の弘安の役をあわせて元寇と呼ぶ。
(4) 浄土宗－法然,日蓮(法華)宗－日蓮も覚えておこう。
② (1) 日明貿易は,勘合を使ったことから勘合貿易ともいわれる。
(2) 書院造では,たたみ・ふすま・床の間・明かり障子などが用いられている。
③ (1) 鎌倉幕府を開いたのは源頼朝,室町幕府を開いたのは足利尊氏,江戸幕府を開いたのは徳川家康である。
(2) 分国法は戦国大名が定めた。御成敗式目は鎌倉時代に北条泰時が定めた。墾田永年私財法は奈良時代の743年に出された。
(4) 東廻り航路は,東北地方の物資を,太平洋側を通って江戸に運ぶために開かれた。
(5) 享保の改革では,公正な裁判を目的に公事方御定書も出された。
(7) ①国学は,仏教や儒学が伝わる前の日本人の考え方を研究する学問である。

5日目 歴史③

江戸時代末～現代

Step-1 >>> | 基本を確かめる | ▶20ページ

解答

① ①日米修好通商　②徳川慶喜

② ①五箇条の御誓文　②廃藩置県

　③福沢諭吉　④板垣退助

　⑤伊藤博文　⑥25

③ ①下関　②関税自主権

④ ①国際連盟　②三・一　③原敬

　④普通選挙

⑤ ①ニューディール（新規巻き直し）

　②満州　③犬養毅

　④国家総動員　⑤ポツダム宣言

⑥ ①20　②農地改革　③国民主権

　④国際連合（国連）　⑤警察予備隊

　⑥サンフランシスコ平和

　⑦石油危機（オイル・ショック）　⑧沖縄

⑦ ①ドイツ　②同時多発　③バブル

　④持続可能

解説

① ①**日米修好通商条約**では，函館・神奈川（横浜）・新潟・兵庫（神戸）・長崎が開かれた。

② ①1868年，明治新政府は，政治の基本方針として**五箇条の御誓文**を発表した。

　④1874年，**板垣退助**らは**民撰議院設立の建白書**を政府に提出し，国会の開設を求めた。

③ ①日清戦争－**下関条約**，日露戦争－**ポーツマス条約**をおさえておこう。

④ ③原敬内閣は，**初めての本格的な政党内閣**。

⑤ ②国際連盟が満州国を認めなかったため，日本は国際連盟を脱退し，国際的な孤立を深めていった。

⑥ ⑤警察予備隊は，保安隊→自衛隊へと発展。

　⑦第四次中東戦争の影響で**石油危機**がおこり，日本の**高度経済成長**が終わった。

⑦ ①1989年，ベルリンの壁が取りこわされ，**翌年東西ドイツが統一**した。

Step-2 >>> | 実力をつける | ▶22ページ

解答

1 (1) エ→イ→ア→ウ

　(2) ①3　②地租改正　(3) ア

　(4) ①下関条約　②ポーツマス条約

2 (1) 二十一か条の要求　(2) 米騒動

　(3) 満25歳以上の男子

3 (1) 世界恐慌　(2) イ　(3) 犬養毅

　(4) B　(5) 農地改革　(6) 朝鮮戦争

　(7) イ　(8) ア

　(9) ①バブル経済　②世界金融危機

　(10) （アメリカ）同時多発テロ（事件）

解説

1 (1) アは1867年10月，イは1858年，ウは1867年12月，エは1854年のできごと。

　(2) 政府は，税収入を安定させるために，税を現金で納めさせる**地租改正**を始めた。

2 (1) 日本は，日英同盟を口実に連合国側で参戦し，中国での利権を拡大しようとして**二十一か条の要求**を突きつけた。

　(3) 1925年に制定された**普通選挙法**では，納税額の制限がなくなった。

3 (1) 世界恐慌の対策として，アメリカは**ニューディール政策**を行い，イギリス・フランスは**ブロック経済**を行った。

　(2) 満州国成立は1932年である。アは1920年，イは1933年，ウは1931年，エは1956年のことである。

　(3) **犬養毅**首相が海軍の青年将校らに暗殺された事件を**五・一五事件**という。

　(5) **農地改革**では，自作農を増やし，地主と小作人の封建的な関係を断ち切り，農村の民主化を進めようとした。

　(7) 日本の国際連合加盟は，ソ連との間で**日ソ共同宣言**を出したことで，常任理事国であるソ連が日本の国際連合加盟を認めて実現した。

　(9) ①バブルとは泡のことで，経済の実態とかけ離れて，泡のようにふくらんだ経済状態をバブル経済という。

6日目 公民①

現代社会／政治のしくみ

Step-1 >>> 基本を確かめる ▶24ページ

解答

① ①グローバル ②少子高齢
③核家族 ④情報リテラシー
⑤効率 ⑥公正

② ①モンテスキュー ②法の支配
③ワイマール ④国民 ⑤象徴
⑥永久 ⑦戦争

③ ①法 ②経済活動(経済)
③人間らしい生活 ④選挙 ⑤裁判
⑥公共の福祉 ⑦勤労 ⑧情報
⑨プライバシー ⑩世界人権

④ ①普通 ②比例代表 ③小選挙区
④与党 ⑤立法 ⑥衆議院
⑦常会(通常国会) ⑧予算 ⑨衆議院
⑩特別会(特別国会) ⑪閣議 ⑫国会
⑬最高 ⑭司法権 ⑮民事 ⑯刑事
⑰三審制 ⑱憲法 ⑲行政
⑳地方自治 ㉑条例 ㉒地方交付税
㉓直接請求

解説

① ①近年,人・もの・お金などが国境を越えてさかんに行き来するようになった。

② ①モンテスキューは,『法の精神』の中で三権分立論を確立した。

③ ③社会権は人間らしい生活の保障を求める権利で,生存権が基礎となる。

④ ⑤法律を制定できるのは国会のみである。
⑩特別会では,最初に内閣総理大臣の指名の議決が行われる。
⑫内閣は,行政権の行使について国会に対して連帯責任を負っている。
⑬最高裁判所は,裁判において最終的な判断を下す裁判所で,その判決は刑などの「確定」を意味する。
㉑地方議会が法律の範囲内で定める法。

Step-2 >>> 実力をつける ▶26ページ

解答

① (1) 少子高齢社会
(2) 核家族(世帯)
(3) イ (4) グローバル化

② (1) 公共の福祉 (2) ①エ ②イ
(3) ①ワイマール憲法 ②生存権
(4) ①3 ②2 ③国民

③ (1) エ→ウ→イ→ア (2) イ・エ(順不同)
(3) 特別会(特別国会) (4) 国会
(5) 閣議
(6) (例)天皇の国事行為に対して助言と承認を行う。

④ (1) 三審制 (2) ⓐ高等裁判所
ⓑ家庭裁判所 (3) ㋐控訴 ㋑上告
(4) ①地方自治法 ②ウ (5) イ

解説

① (1) 少子高齢社会を迎えて,労働力の不足や社会保障費用の財源の不足などが課題となっている。

(2) 核家族世帯の割合が最も高いが,近年は単独世帯が増えている。

② (2) ①のエは経済活動の自由の1つである。
②イ誰でも裁判所において裁判を受ける権利をもっている(第32条)。

(3) ②生存権とは,健康で文化的な最低限度の生活を営む権利のこと。

(4) 国民の承認には,国民投票によって過半数の賛成が必要である。

③ (1) 衆議院に予算の先議権があるため,予算は先に衆議院に提出され審議される。

(2) エ法律案は,参議院で異なった議決をしても,衆議院で出席議員の3分の2以上の賛成で再可決すれば法律となる。

④ (1) 人権の保障をし,裁判の誤りを防ぐためのしくみである。

(2) ⓑ家庭裁判所は,家事事件や少年事件を扱う裁判所である。

(5) 違憲審査権は,裁判所が国会に対して行使できる権限である。

Step-1 >>> │ **基本を確かめる** │ ▶28ページ

解答

① ①生産　②家計　③消費支出
　④消費者　⑤PL　⑥流通　⑦小売業
　⑧需要　⑨公共料金　⑩上がる

② ①株式　②利潤(利益)　③配当
　④株主　⑤独占禁止　⑥政府　⑦景気
　⑧為替相場(為替レート)
　⑨上がる(高まる)　⑩労働基準
　⑪男女雇用機会均等　⑫非正規

③ ①社会保障　②租税　③間接税
　④累進課税　⑤好景気
　⑥景気(景気変動)　⑦減らす　⑧減税
　⑨生存　⑩社会保険　⑪生活保護
　⑫環境基本　⑬リユース

④ ①領海　②200　③条約
　④ニューヨーク　⑤拒否権　⑥PKO
　⑦EU　⑧ASEAN

⑤ ①地球温暖　②温室効果
　③地球サミット　④発展途上国(途上国)
　⑤SDGs　⑥再生可能エネルギー
　⑦ODA

解説 ••••••••••••••••••••••••••••••

① ④国民生活センターや消費生活センターを
　設置して,消費者の苦情を処理している。
　⑧市場で消費者が買おうとする量が**需要量**,
　生産者が売ろうとする量が**供給量**。

② ④株主は,会社が倒産した場合は,出資額
　の範囲内で損失を負担する(有限責任とい
　う)。
　⑧**為替相場**はふつう,国際通貨であるアメ
　リカのドルとの交換比率を表す。
　⑨**円高**では,輸出品の値段が高くなる。

③ ①国民の生活を保障するのに必要な経費。
　国の歳出の最も大きな割合を占めている。
　④**累進課税**の方法では,課税対象の金額が

多くなるほど,税率が高くなる。
　④⑥**国連**は,紛争地域での停戦の監視など平
　和維持のための活動を展開している。
　⑤④発展途上国の中でも貧しいままの国と豊
　かになった国との経済格差が広がってお
　り,この問題は**南南問題**と呼ばれている。
　⑤ SDGsは,「貧困をなくそう」「飢餓をゼ
　ロに」などの17の目標からなる。

Step-2 >>> │ **実力をつける** │ ▶30ページ

解答

① (1) 消費支出　(2) 製造物責任法(PL法)
　(3) ①市場価格　②均衡価格
　(4) ①独占禁止法　②公正取引委員会

② (1) ①景気変動(景気循環)　②ア
　③インフレーション(インフレ)
　④(例)一般の銀行から国債を買う。
　(2) 社会保険

③ (1) 排他的経済水域
　(2) ①安全保障理事会(安保理)
　②PKO　③拒否権
　(3) 地域主義(地域統合,リージョナリ
　ズム)
　(4) ユーロ
　(5) 東南アジア諸国連合(ASEAN)

④ (1) 中国(中華人民共和国)
　(2) パリ協定　(3) 南北問題
　(4) ①ODA　②NGO

解説 ••••••••••••••••••••••••••••••

① (3) 需要が供給を上回れば価格は上昇し,供
　給が需要を上回れば価格は下落する。

② (1) ③**物価**が上昇すれば,貨幣価値が下がる
　ので生活は苦しくなる。
　④不景気のとき(B)は,一般の銀行から国
　債などを買い,流通する通貨量を増やす。
　好景気のとき(A)は,一般の銀行に国債
　などを売り,流通する通貨量を減らす。

④ (1) 二酸化炭素の排出量は,中国とアメリカ
　で40％以上を占める(2017年)。
　(2) **パリ協定**では,全ての参加国に温室効果
　ガスの削減目標の提出を義務づけている。

❶ (1) D→C→A→B　　(2) 刀狩
(3) ウ　　　　　　　　(4) 勘合
(5) 御成敗式目（貞永式目）
(6) A－イ　　　B－エ
　　C－ア　　　D－ウ

❷ (1) 日米和親条約　　(2) 地租改正
(3) 小村寿太郎　　　(4) 原敬
(5) エ　　　　　　　(6) イ
(7) 石油危機（オイル・ショック）

❸ (1) B　　　(2) 環太平洋造山帯
(3) え　　　　　　　(4) エ
(5) ウ　　　　　　　(6) エ

❹ (1) ②　　　　　　　(2) イ
(3) ウ　　　(4) ①扇状地
　　　　　　　②エ

❺ (1) 三権分立（権力分立）　　(2) ウ
(3) A－立法　　B－行政　　C－司法
(4) イ　　　　(5) エ
(6) エ

［解説］

❶ (1) Aは豊臣秀吉（安土桃山時代），Bは徳川吉宗（江戸時代），Cは足利義満（室町時代），Dは北条泰時（鎌倉時代）について述べたもの。

(2) 1588年，豊臣秀吉は刀狩令を出して，農民や寺院などから武器を取り上げた。

(3) 徳川吉宗は江戸幕府の8代将軍。1716～1745年に享保の改革を行い，裁判の基準を定めた公事方御定書の制定や，庶民の意見を聞くための目安箱の設置を行った。

(4) 勘合を用いた明との貿易を日明貿易（勘合貿易）という。足利義満の時代，倭寇が中国沿岸を荒らしており，明は日本に倭寇の取り締まりと国交を求めてきた。足利義満は倭寇を禁止して，明との国交を開き，貿易を開始した。

(5) 御成敗式目は，鎌倉幕府3代執権の北条泰時が御家人に対して裁判の基準を示すために，1232年に制定した法令。

(6) **ア**書院造は室町時代の建築様式。禅宗寺院の様式を武家の住居に取り入れたもので，現代の和風建築のもとになった。**イ**濃絵は安土桃山時代にふすまや屏風などに描かれた絵画。唐獅子図屏風を描いた狩野永徳ら狩野派が多くの作品を残した。**ウ**『平家物語』は鎌倉時代の軍記物と呼ばれる文学作品で，琵琶法師によって語り伝えられた。**エ**『解体新書』は江戸時代の1774年，前野良沢・杉田玄白らがオランダ語の人体解剖書を翻訳して出版した書物。

❷ (1) 日米和親条約で，日本はアメリカの船に燃料・水・食料などを供給し，下田（静岡県）に領事を置くことを認めた。これによって，200年以上続いていた鎖国が終わった。

(2) 地租改正によって，政府の税収は安定したが，各地で地租改正反対の一揆がおこった。このため，政府は1877年に地租を地価の2.5%に引き下げた。

(5) **ア**日本の国際連盟脱退の通告は1933年，**イ**五・一五事件は1932年，**ウ**二・二六事件は1936年，**エ**二十一か条の要求は1915年のできごと。

(6) 日ソ共同宣言によって日本とソ連の国交が回復し，日本の国際連合加盟が認められた。

(7) 石油危機は1973年の第四次中東戦争でアラブの産油国が石油価格を大幅に値上げしたためにおこった。

❸ (1) 赤道はアフリカ大陸の中央部，南アメリカ大陸の北部，東南アジアのマレー半島の南などを通る。

(3) 日本と求める場所との時差は14時間なので，経度差は15（度）×14（時間）で210度になる。日本と経度差が210度あり，時

刻が14時間遅いのは，西経75度の経線を標準時子午線としている㋐のニューヨーク。

(4) Yのアフリカ北部の大部分は乾燥帯に属する。また，アフリカ北部に住む人々の多くはイスラム教を信仰している。エは東アジア・東南アジア・南アジアなどの暮らし。

(5) Zはヨーロッパ州。アは南アメリカ州，イはアフリカ州，エはアジア州についての説明。

(6) 矢印はペルシア湾岸から日本へのびている。日本は原油の多くを，サウジアラビアやアラブ首長国連邦・カタールなどペルシア湾岸の国々から輸入している。

❹ (1) 日本の標準時子午線は兵庫県明石市を通る東経135度の経線。

(2) 九州南部の鹿児島県と宮崎県が入っていることに着目する。鹿児島県から宮崎県南部にかけて広がるシラス台地では，豚や肉牛の飼育がさかん。特に鹿児島産の黒豚はブランド豚として知られている。

(3) 夏に降水量が多いことから，太平洋側の気候に属するウの宮崎市と判断する。太平洋側の地域は，夏の南東季節風の影響で，夏に降水量が多くなる。

(4) ②広葉樹林を表す♀とまちがえないように注意すること。扇状地は水はけのよい土地で，くだものの栽培に向いている。中でも山梨県甲府盆地の扇状地は日本を代表するくだものの産地で，ぶどうやももの栽培がさかん。

❺ (2) アのロックは基本的人権を唱え，民主政治の理論を説いた人物。イのルソーは社会契約説を唱え，人民主権の考えを明らかにした人物。エのリンカンはアメリカ合衆国の第16代大統領で，「人民の，人民による，人民のための政治」の言葉で有名。

(3) 立法権は法律を制定する権限，行政権は

法律に従って政治を行う権限，司法権は法律に従って社会の秩序を守る権限。

(4) 国政調査権は，国の政治がどのように行われているかを調べる権限で，衆議院・参議院ともに認められている。

(5) ア弾劾裁判の実施は国会が裁判所に対して，イ国民審査は国民が裁判所に対して，ウ内閣総理大臣の指名は国会が内閣に対して行う。

(6) ア最高裁判所長官は内閣が指名し，天皇が任命する。その他の裁判官はすべて内閣が任命する。イ裁判員制度が導入されているのは刑事裁判。ウ最高裁判所は司法権の最高機関で，東京に1つだけ設けられた唯一の終審裁判所。

模擬試験 第2回 ▶37ページ

❶ (1) アフリカ大陸
(2) アルプス・ヒマラヤ造山帯
(3) 記号－ウ　森林－タイガ
(4) イ　(5) アボリジニ

❷ (1) ① 奥羽山脈　② 三角州
③ ロシア連邦(ロシア)
(2) ① 季節風(モンスーン)　② エ
(3) ① オ　② ウ

❸ (1) 十七条の憲法　(2) 大化の改新
(3) 墾田永年私財法　(4) ア　(5) エ
(6) 書院造　(7) 太閤検地(検地)

❹ (1) 参勤交代　(2) ウ→ア→イ
(3) 日米修好通商条約　(4) イ
(5) (例)満25歳以上の男子
(6) ポツダム宣言　(7) 日ソ共同宣言

❺ (1) ア　(2) ウ　(3) a－ア　b－ウ
(4) 控訴　(5) 累進課税　(6) UNESCO

［解説］

❶ (1) 世界の6大陸は、ユーラシア大陸、アフリカ大陸、北アメリカ大陸、南アメリカ大陸、オーストラリア大陸、南極大陸である。
(2) 世界の造山帯は、アルプス・ヒマラヤ造山帯と環太平洋造山帯の2つである。
(3) タイガは、冷帯(亜寒帯)に広がる針葉樹の森林である。
(4) ア　漢族(漢民族)は、中国の人口の約9割を占めている。
ウ　ギニア湾沿岸の国々では、カカオ豆の栽培がさかんである。
エ　南アメリカ大陸のほとんどがスペインの植民地だったが、ブラジルはポルトガルの植民地だった。
(5) オーストラリアの先住民はアボリジニ、ニュージーランドの先住民はマオリである。

❷ (1) ① 奥羽山脈は、長さが約500kmにもおよぶ日本で最も長い山脈である。
② 川が山地から平地に出るところに形成される、扇形に広がる緩やかな傾斜地である扇状地とまちがえないようにしよう。
③ 北方領土は、ロシア連邦が不法に占拠している択捉島・国後島・色丹島・歯舞群島のことで、日本は返還を求めている。
(2) ① 夏は南東の季節風(B)が、冬は北西の季節風(A)が吹く。
② 瀬戸内の気候の雨温図で、エの高松市。冬の気温が比較的高く、1年を通して降水量が少ないことが特徴である。内陸(中央高地)の気候の雨温図と似ているが、中央高地は冬の気温が低い。
(3) ① 十勝平野は北海道有数の畑作地帯で、小麦・じゃがいも・豆類などが多く栽培されている。
② 中京工業地帯の愛知県豊田市を中心に、自動車工場とその関連工場が集まっている。

❸ (1) 聖徳太子の政治としては、十七条の憲法のほかに、家柄に関係なく才能や功績のある人を役人に用いた冠位十二階の制度や、隋と正式な国交を目指し、隋の文化や政治制度などを取り入れようとした遣隋使の派遣がある。現存する世界最古の木造建築の法隆寺の建立もおさえておこう。
(2) 645年に、中大兄皇子や中臣鎌足らが、独断的な政治を行う蘇我氏を倒し、大化の改新と呼ばれる政治改革を始め、全国の土地と人民を国家が直接支配する公地・公民という方針を示した。
(3) 723年に出され、開墾した土地の私有を三代まで認めた法令を三世一身法という。しかし、返還の時期が近づくと耕作をや

めてしまう者が多かったため，墾田永年私財法を定めて開墾した土地の永久私有を認めることにした。これがのちの荘園のもとになった。

(4) 摂関政治とは，藤原氏が，天皇が幼いときには摂政として，天皇が成人すると関白として政治の実権を握ったもので，藤原道長・頼通父子のときに全盛となった。

(5) 元寇は，元軍が，1274年の文永の役，1281年の弘安の役と2度にわたって日本に攻め寄せたできごとである。執権北条時宗の指揮で戦い，暴風雨もあって元軍は引き揚げた。

(6) 書院造は，ふすま・たたみ・明かり障子・床の間・違い棚などを備えた建築様式で，のちの和風建築のもとになった。建築様式には，校倉造・寝殿造・書院造などがあるので，区別できるようにしよう。

❹(1) 江戸幕府は，大名に参勤交代や工事の割り当てなどを行って多くの資金を出させたので，藩の財政は苦しくなった。

(2) アは1787〜93年，老中松平定信，イは1841〜43年，老中水野忠邦，ウは1716〜45年，8代将軍徳川吉宗の政治改革である。

(3) 日米和親条約は，1854年にアメリカのペリーとの間で結ばれ，2港が開かれた。日米修好通商条約と区別しよう。

(4) 日清戦争の講和条約を下関条約という。エのポーツマスは，日露戦争の講和条約であるポーツマス条約が結ばれたアメリカの都市である。

(5) 普通選挙法の制定で，それまでの「一定額以上の直接国税を納める」という納税額の制限が撤廃された。

(6) ポツダム宣言は，アメリカ・イギリス・中国の名前で出され，日本の無条件降伏と戦後の日本の管理の方針を定めたものである。

(7) それまで日本の国際連合加盟に反対していたソ連との間で日ソ共同宣言が出されたことで，ソ連が日本の国際連合加盟を認めることとなった。

❺(1) 国民の3つの義務は，日本国憲法の第26・27・30条に規定されている。勤労の義務・納税の義務ともう1つは，子どもに普通教育を受けさせる義務である。

(2) 社会権とは，人間らしい生活の保障を求める権利のことで，1919年にドイツのワイマール憲法で初めて保障された。日本国憲法第25条の条文は，生存権の語句とともによく問われる。

(3) 衆議院で内閣不信任案が可決されると，内閣は総辞職するか，10日以内に衆議院を解散する。衆議院解散後，40日以内に衆議院議員総選挙が行われ，総選挙後30日以内に特別会（特別国会）を召集，内閣総辞職と新たな内閣総理大臣の指名が行われる。

(4) 三審制とは，判決に不服な場合，上級の裁判所に上訴し，全部で3回まで裁判を受けられるしくみである。第一審の判決に対する上訴を控訴，第二審の判決に対する上訴を上告という。

(5) 累進課税とは，低所得者の負担を軽くし，高所得者の負担を重くすることで所得の格差を調整する方法である。消費税には累進課税の方法が取り入れられていないため，所得に関わりなく同じ税率がかかり，低所得者ほど負担が重くなる。

(6) 国際連合の専門機関とは，経済社会理事会を通じて国連と協定を結んで活動を行う国際機関である。国連教育科学文化機関（UNESCO）や世界保健機関（WHO）などがある。